공부가 되는
경제 이야기 ❷

〈공부가 되는〉 시리즈
**공부가 되는
경제 이야기 2**

초판 1쇄 발행 2011년 11월 30일
초판 5쇄 발행 2024년 06월 04일

글 글공작소

책임편집 윤소라
책임디자인 노민지

펴낸이 이상순
주　간 서인찬
편집장 박윤주
기획편집 한나비, 김한솔, 김현정
디자인 유영준, 이민정
마케팅 홍보 이상광, 이병구, 신희용, 오은애

펴낸곳 (주)도서출판 아름다운사람들
주소 (10881) 경기도 파주시 회동길 103
대표전화 (031)8074-0082 **팩스** (031)955-1083
이메일 books777@naver.com
홈페이지 www.book114.kr

ⓒ2011, 글공작소
ISBN 978-89-6513-128-1 63320
　　　978-89-6513-130-4 (세트)

파본은 구입하신 서점에서 교환해 드립니다.
이 책은 저작권법에 의하여 보호를 받는 저작물이므로 무단 전재와 복제를 금합니다.

공부가 되는
경제 이야기 ❷

지음 글공작소 | **추천** 오양환 (前 하버드대 교수)

아름다운사람들

공부가 되는
경제 이야기 2

🍪 헨리 포드
자동차왕이 되다 … 10

에디슨의 인정을 받은 남자 | 모두를 위한 자동차를 꿈꾼 헨리 포드
자동차의 대량 생산, 컨베이어 시스템 | 새로운 방법으로 생산성을 높이다
자동차 시대가 열리다
**토머스 에디슨 | 다 같이 잘해야 하는 분업 | 화이트칼라와 블루칼라
오이엠(OEM) 상품**

🍪 조지프 슘페터
혁신만이 살 길이다 … 26

세계 최고의 경제학자를 꿈꾸다 | 경제학에 몰두한 조지프 슘페터
기업가의 혁신이 경제 발전을 가져온다 | 자본주의의 발전과 변화를 연구하다
자본주의는 멸망한다
사람이 곧 돈이다, 인적 자본 | 호황과 불황 | 돈은 돌고 돌아 경제를 발전시켜요

🪙 존 케인스
대공황의 해결사 … 40

수학을 싫어한 수학 천재 | 경제학에서 답을 찾은 청년 | 제2차 세계 대전을 예측하다
공황을 해결하기 위한 케인스의 해법 | 케인스의 투자 승수 이론
새로운 화폐 가치를 정하다 | 국제기구를 주장하다
손수레로 돈을 싣고 다닌 독일 | 완전 고용과 불완전 고용 | 수정 자본주의
평가 절상과 평가 절하 | 국제 통화 기금과 금 모으기 운동

🪙 유일한
기업에는 사회적 책임이 있다 … 58

정직함을 기본으로 생각한 기업가 | 조국을 잊지 않은 유일한
나라에 보탬이 되기 위해 노력하다 | 나라와 민족을 위한 회사, 유한양행
우리나라 두 번째 기업 공개 | 모든 것을 돌려주고 떠나다
법으로 금하는 불공정 거래 행위 | 소비자 보호법 | 이윤보다 사회, 사회적 기업
내가 기업의 주인, 종업원 지주제

🪙 베르틸 올린
현대 국제 무역 이론의 창시자 … 74

무역이 궁금했던 스웨덴 소년 | 케인스와 논쟁을 벌인 올린
현대적 국제 무역 이론, 헥크셰르–올린의 원리
케인스보다 먼저 실업 문제 해결을 위해 나서다
노벨 경제학상 | 유럽의 단일 화폐, 유로 | 경제 협력 개발 기구(OECD)
경제에 도움을 주는 사회 간접 자본(SOC)

월트 디즈니
미키 마우스의 아버지 … 86

미키 마우스를 만든 청년 | 월트 디즈니 스튜디오를 세우다
쓰디쓴 경험 끝에 저작권 문제를 해결한 월트 디즈니
새로운 꿈을 향해 끊임없이 나아가다
어브 이웍스 | 흑자와 적자 | 창작물을 보호하는 저작권
발명품을 보호하는 권리, 산업 재산권 | 라이선스 계약과 로열티

밀턴 프리드먼
샤워실의 바보가 되지 마라 … 98

경제 흐름을 몸소 느낀 청년 | 가난을 이겨 낸 경제학자
존 케인스의 이론을 비판한 밀턴 프리드먼 | 정부는 시장에 너무 나서지 마라
통화량을 조절하라 | 프리드먼을 따르는 시카고학파
세상에 공짜 점심은 없다 | 경제가 흔들리는 실업 문제 | 쓰고 있는 돈의 양, 통화량
우리나라의 중앙은행, 한국은행

프랑코 모딜리아니
소비와 저축에 관한 답을 찾다 … 114

우연히 경제학 공부를 시작한 소년 | 밤낮으로 경제학 공부를 한 프랑코 모딜리아니
프랑코 모딜리아니의 라이프 사이클 가설 | 기업의 가치에 대해 연구하다
경제에 영향을 주는 금리 | 소득과 식료품값의 관계, 엥겔의 법칙
마시멜로의 유혹 | 주주에게 주는 이익, 배당금

아마르티아 센
경제학에도 양심은 있다 ··· 124

대기근을 목격한 소년 | 병을 이겨 내고 경제학 연구에 전념한 아마르티아 센
사회 선택 이론 | 가난과 굶주림 문제를 바로 보다
가난과 굶주림을 해결할 방법, 민주주의 | 경제학의 양심, 후생 경제학
빈익빈 부익부 | 죄수의 딜레마 | 배고픈 남쪽과 배부른 북쪽, 남북문제
합리적 바보 | 국민 총생산(GNP)와 국내 총생산(GDP)

빌 게이츠
집집마다 컴퓨터를 한 대씩! ··· 140

컴퓨터에 흠뻑 빠진 소년 | 컴퓨터에 모든 것을 바친 빌 게이츠
스톡옵션과 점차 성장해 가는 마이크로소프트
마이크로소프트, 컴퓨터 시장을 장악하다 | 세계 최고의 기부자, 빌 게이츠
기술과 아이디어로 뭉친 벤처 기업 | 능력 있는 사람을 끌어모으는 스톡옵션
다국적 기업 | 기부의 경제 효과

아이들이 『공부가 되는 경제 이야기』를 읽으면 좋은 이유

1 경제 지식부터 경제 원리까지 한눈에 잡는다

『공부가 되는 경제 이야기』는 경제를 연구한 사람, 경제를 일으킨 사람 그리고 경제의 흐름과 원리, 경제 지식에 관하여 한눈에 알 수 있게 꾸며져 있습니다. 자칫 딱딱하고 어렵게 느낄 수 있는 경제 문제를 인물들의 경제사와 함께 녹여내어 쉽고 재미있게 익히도록 하고 있습니다. 뿐만 아니라 경제 상황이 어렵고 위기에 처할 때마다 그 어려움을 해결하기 위해 최선을 다한 사람들의 주장과 이론도 적절한 비유를 통해 생동감 있게 담겨 있어 경제 공부에 일석이조의 효과를 가져다줍니다.

2 우리 아이 경제감을 높이는 눈높이 경제 길잡이

경제는 먹고사는 문제를 해결하는 우리 일상과 가장 밀접한 관련이 있는 분야입니다. 예를 들면, 누구나 한 번쯤은 도대체 물건값은 어떻게 매겨지고 값은 왜 오르락내리락하는지 궁금했던 적이 있을 것입니다. 또한 어쩌면 저렇게 돈을 많이 버는 기업을 일으킬 수 있는지도 궁금했던 적이 많을 것입니다. 이처럼, 경제에 관한 아주 일상적인 궁금증부터 경제를 좌지우지하는 기업의 성공적인 경제 운영에 이르기까지 꼭 필요한 경제 지식들을 아이들의 눈높이에 맞추어 해결하고 있습니다.

3 모두가 잘사는 세상을 꿈꾸게 하는 경제 이야기

가정용 컴퓨터로 세상을 바꾼 빌 게이츠, 자본주의의 모순을 지적한 칼 마르크스, 보이지 않는 손을 주장한 경제학의 아버지 애덤 스미스, 부는 무덤까지 가져가지 않는다고 말한 앤드루 카네기, 자신의 꿈과 환상을 현실로 만들어 낸 월트 디즈니 등등 『공부가 되는 경제 이야기』에는 모두가 잘사는 세상을 꿈꾼 많은 경제학자와 굳은 신념으로 부를 일구고 시대를 바꾸어 나간 기업가의 이야기를 함께 담고 있습니다. 그렇기에 아이들은 『공부가 되는 경제 이야기』를 통해 경제 지식뿐만 아니라 더불어 잘사는 세상에 대한 자신의 꿈을 만들 수 있을 것입니다.

4 공부의 즐거움을 깨치는 〈공부가 되는〉 시리즈

〈공부가 되는〉 시리즈는 공부라면 지겹게만 여기는 우리 아이들에게 "아, 공부가 이렇게 즐거운 것이구나!" 하는 것을 깨쳐 주면서 아울러 궁금한 것이 많은 우리 아이들의 지적 호기심도 동시에 해결해 주는 시리즈입니다. 공부의 맛과 재미는 탄탄한 기초 교양의 주춧돌 위에 세워질 때 그 효과가 배가됩니다. 그리고 그 기초 교양은 우리 아이들이 학습에서 자기 주도적 능력을 내는 데 큰 밑거름이 됩니다.

『공부가 되는 경제 이야기』는 우리 아이들에게 경제 지식에 대한 이해를 높여 앞으로 자신의 삶을 개척하는 데 주춧돌을 놓고도 남을 것이라 확신합니다. 부디 우리 아이들에게 이 책이 경제 감을 높이고 자신의 삶을 개척하는 데 훌륭한 도구가 되기를 바랍니다.

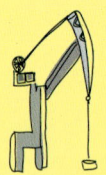

헨리 포드
Henry Ford, 1863~1947

자동차왕이 되다

에디슨의 인정을 받은 남자

동네 사람들이 보기에 헨리 포드는 괴상하기 짝이 없는 사람이었어요. 에디슨 회사의 최고 기술자인 그는 회사에서 돌아오기만 하면 무엇을 하는지 헛간으로 들어가 새벽까지 나오지 않았기 때문이에요. 그래서 동네 사람들은 포드를 제정신이 아니라고 '미친 헨리'라고 부를 정도였어요.

"도대체 뭘 하는데 밤낮없이 헛간에만 틀어박혀 있는 거야?"

"무슨 기계를 만든다는데? 모를 일이지, 뭐."

사실 포드는 헛간을 연구실로 쓰며 자신의 꿈을 이루기 위해 10여 년 동안 밤새 연구를 하고 있었어요. 그의 꿈은 자신의 손으로 성능 좋은 자동차를 만들어 내는 것이었어요.

1896년 6월 4일 새벽 2시, 동네 사람들은 시끄러운 소리 때문에 잠에서 깼어요. 그리고 무슨 일인가 싶어 두 눈을 비비며 집 밖

헨리 포드

토머스 에디슨

1847년 미국에서 태어난 토머스 에디슨은 발명가이자 사업가예요. 토머스 에디슨은 어렸을 때부터 호기심과 창의력이 넘쳤으며, 가난한 집안 형편 때문에 학교를 다니지 못하고 열두 살 때부터 일을 했어요. 하지만 끊임없는 노력으로 세계인의 밤을 밝혀 준 '전구'를 비롯해서 1,000여 개의 발명품을 만들어 '발명의 아버지', '발명왕'으로 불려요. 에디슨은 전구를 만들기 위해 1878년 '에디슨 전기 조명 회사'를 세웠어요. 그리고 백열전구 발명을 인정받은 이후 에디슨 전기 조명 회사는 1882년 다른 전기 회사와 합병하여 오늘날의 제너럴 일렉트릭 회사가 되었어요.

으로 나온 사람들은 입을 다물 수가 없었어요. 뿌연 어둠 속에서 '미친 헨리'라고 불리던 포드가 자신의 자동차에 아내를 태우고 동네 거리를 달리고 있었던 거예요. 이 사건은 바로 미국의 자동차왕, 포드를 세상에 알리는 신호탄이었어요.

그리고 그해 겨울, 포드는 백발의 노인이 된 토머스 에디슨과 악수를 하게 되었어요.

"자네였군. 정말 만나고 싶었네."

포드는 수줍은 얼굴로 에디슨을 향해 손을 내밀었어요. 자신이 평생 존경해 온 에디슨을 이렇게 가까이에서 만나 악수를 하게 된 것이 꿈만 같았어요.

"자네의 꿈은 정말 훌륭하네. 절대 그 꿈을 포기하지 말게."

에디슨은 포드에게 칭찬과 격려를 아끼지 않았어요. 이처럼 포드는 혼자 힘으로 자동차를 만들고 에디슨을 비롯한 많은 사람을 깜짝 놀라게 했어요.

🍪 모두를 위한 자동차를 꿈꾼 헨리 포드

포드는 1863년 미국 미시간 주의 작은 농장에서 태어났어요. 그의 아버지는 아일랜드에서 이민을 와서 미국에 정착한 사람으로 농사를 짓고 살았어요. 아버지는 농사일을 자랑스럽게 생각했지만, 포드는 농사일에 전혀 흥미가 없었어요. 대신 포드는 기계만 보면 눈을 반짝거렸어요. 그래서 포드의 집에는 자명종 시계가 하나도 남아나지 않을 정도였어요. 눈에 띄기만 하면 포드가 순식간에 분해해 버렸기 때문이었어요. 포드의 이런 재능 때문에 동네 사람들은 그를 '꼬마 천재 기술자'라고 불렀어요.

포드는 열두 살 때 석탄으로 움직이는 증기 엔진을 본 후 '말이 필요 없는 마차'를 만드는 것을 꿈꾸게 되었어요. 그래서 그 후 더욱더 기계에 빠져들었어요. 하지만 아버지는 포드가 기계에 관심을 두기보다 농사일에 매달려 주기를 바랐어요. 하지만 어머니는 아들의 뜻을 이해하고 아들이 자신의 재능을 키워 가는 것을 도와주었어요.

1928년 1월 헨리 포드 인터뷰 내용이 실린 기사

그런데 포드가 열여섯 살이 되었을 때, 그를 유일하게 이해해 주던 어머니가 세상을 떠나고 말았어요. 이때부터 포드의 아버지는 그에게 농사일 배우기를 강요하기 시작했어요. 결국 포드는 어쩔 수 없이 아버지를 피해 집을 떠나 디트로이트로 가서 기계 견습공이 되었어요. 그리고 나중에 에디슨의 회사에 들어가서 점차 자신의 재능을 인정받아 수석 기사가 되었어요.

포드는 서른네 살 때 자신의 힘으로 엔진을 고안해 에디슨의 인정을 받았고, 그 여세를 몰아 자동차를 만들어 내었어요. 포드가 자동차를 만들었다는 소문은 삽시간에 퍼져 나갔어요. 당시 자동차 산업은 성장 가능성이 높은 떠오르는 산업이었어요. 그래서 자동차를 만든 포드에게 투자하겠다는 사람들이 몰려들었고, 포드는 그 돈으로 자신의 이름이 붙은 자동차 회사인 '포드 자동차 회사'를 세웠어요.

　자동차 회사를 세운 포드는 더 빠르고 더 좋은 자동차를 만들어 사람들의 시선을 단번에 사로잡기 위해 엄청난 노력을 했어요. 그 결과 포드가 만든 자동차는 자동차 경주 대회에서 1등을 거머쥘 수 있었어요. 이를 바탕으로 포드는 850달러짜리 'A형 모델'이라는 이름을 붙인 새로운 자동차를 세상에 내놓았어요. A형 모델은 나오자마자 큰 인기를 끌어 첫 해에만 2,000대 가까이 팔렸어요.
　하지만 포드는 보다 많은 사람이 자동차를 타고 다니는 세상을 꿈꾸었어요.
　"5퍼센트가 아니라 95퍼센트를 위한 자동차를 만들어야 해."
　당시 자동차는 만드는 기술과 과정이 너무 복잡해 값이 매우 비쌌어요. 그래서 자동차는 정말 돈 많은 부자들만 탈 수 있는 것으로 여겨졌어요. 그리고 이때 미국은 유럽보다 기술 발달이 늦어 미국에서 생산된 자동차는 유럽에서 생산된 자동차보다 성능이 뒤쳐졌어요. 그래서 부자들은 대부분 유럽의 자동차 회사에서 만든 자동차를 타고 다녔어요. 이에 포드는 반드시 유럽의 자동차보다 값싸고 성능 좋은 자동차를 만들어 자동차 시장의 판도를 바꾸어 놓아야겠다고 생각했어요.

하지만 포드 자동차 회사의 투자자들은 포드의 생각에 반대했어요. 자동차를 비싸게 팔아야 이익이 많이 남으니 값싼 자동차보다는 값비싼 자동차를 만들어야 한다고 주장했어요. 하지만 포드는 아랑곳하지 않았어요.

"나는 서민들을 위한 자동차를 만들겠습니다. 현대 기술의 무한한 힘으로 지금까지 누구도 만들지 못했던 최고의 자동차를 만들 것입니다. 그리고 이 자동차를 저렴한 가격에 판매하여 누구든 자동차를 탈 수 있도록 하겠습니다."

헨리 포드의 컨베이어 시스템

포드가 자신의 생각을 사람들 앞에서 선언했을 때, 그는 비웃음을 살 수밖에 없었어요.

"헨리 포드는 곧 망하게 생겼군."

"그러게 말이야. 자동차 사업이라는 게 얼마나 많은 노동력이 필요하고 큰돈이 들어가는 일인데······."

포드의 생각대로 자동차 가격을 낮추기 위해서는 자동차를 생산하는 과정에서 비용이 적게 들어야 했어요. 포드는 생산비를 낮추려고 고민했지만, 좀처럼 좋은 방법이 떠오르지 않았어요.

다 같이 잘해야 하는 분업

분업 생산 방식은 나만 잘한다고 해서 전체 생산이 잘되는 것은 아니에요. 컨베이어 벨트를 이용해 생산하는 방식에서 노동자 한 사람이 자기가 맡은 일을 다하지 못하면 옆에 있는 노동자도 작업을 할 수가 없어 결국 전체 생산에 문제가 생겨요. 예를 들어, 자동차 공장에서 엔진을 만드는 노동자와 타이어를 만드는 노동자가 있어요. 엔진을 만드는 노동자는 하루에 100개의 엔진을 만들어 냈는데, 타이어를 만드는 노동자가 하루에 50개밖에 타이어를 만들지 못하면 결국 하루에 생산되는 자동차 수는 50대뿐이에요. 그래서 분업에서는 모든 노동자가 힘을 합쳐 다 같이 일을 잘해야 해요.

자동차의 대량 생산, 컨베이어 시스템

어느 날, 포드가 값싼 자동차를 만들 방법에 대해 골똘히 생각하며 거리를 걷고 있었어요. 이때 우연히 푸줏간 주인이 도살된 소를 손수레로 실어 나르는 모습이 포드의 눈에 띄었

화이트칼라와 블루칼라

'화이트칼라'와 '블루칼라'는 노동자를 나누는 데 주로 쓰는 말이에요. 블루칼라라는 말은 주로 상품을 생산하는 공장에서 노동자들이 청색 작업복을 많이 입었던 데서 유래하였어요. 그래서 블루칼라는 제조업, 건설업 등에 종사하는 노동자를 말해요. 반면 화이트칼라는 와이셔츠와 양복을 입고 주로 사무실에서 일하는 노동자들을 가리키는 말이에요. 화이트칼라는 영업, 금융업 등의 일을 하는 사무직 노동자예요. 산업이 발달하고 다양해진 요즘에는 화이트칼라와 블루칼라의 중간 형태인 그레이칼라, 황금처럼 반짝이는 아이디어로 새로운 지식을 만들어 내는 골드칼라 등의 말도 생겨났어요.

어요.

푸줏간의 고기는 손수레에 실려 첫 번째 사람 앞에 도착했어요. 그러자 첫 번째 사람은 고기의 뒷다리살만 발라냈어요. 또 고기가 손수레를 타고 이동하자, 두 번째 사람은 갈빗살 부위만 발라냈어요. 이렇게 세 번째, 네 번째……. 고기는 담당자별로 아주 빠른 속도로 부위별로 나뉘어 포장되고 있었어요.

그 장면을 바라보던 포드는 정신이 번쩍 들었어요.

"바로 저거야! 저 과정을 반대로 하면, 적은 노동력으로 많은 자동차를 만들 수 있어!"

그날 이후 포드는 자신의 생각을 실천에 옮기기 위해 4층짜리 자동차 제조 공장을 지었어요. 그리고 4층부터 1층까지 연결되어 차례로 움직이는 작업대를 만들었어요. 이것이 바로 물건을 연속해서 옆으로 운반하는 '컨베이어' 장치였어요. 당시 컨베이어 장치는 백화점 진열장 등에서 부분적으로 사용되었지만 이것을 공장에 전면적으로 실시한 사람은 포드가 처음이었어요.

처음 자동차를 만들던 때는 한 명의 기술자 혼자 각각의 부속품을 모두 조립해서 차 한 대를 만들었는데 이런 방식은 시간이 너무 오래 걸렸어요.

하지만 포드가 도입한 컨베이어 시스템은 이런 문제를 해결해 주었어요. 4층 컨베이어에서는 자동차의 몸체만을 조립했어요. 몸체만 조립된 자동차가 3층으로 내려오면 타이어가 달리고, 페인트가 칠해졌어요. 그리고 타이어가 달리고 페인트가 칠해진 자동차가 2층으로 내려오면 의자와 그 밖의 부속품들이 조립되었어요. 그리고 1층으로 내려온 자동차는 최종 검사를 받았어요. 이렇게 한 사람이 자동차 전체를 모두 조립해야

생산성 향상을 위해 새롭게 바뀐 포드 자동차 회사 작업장

오늘날까지 남아 있는 T형 모델 자동차

했던 이전 생산 방식과 달리 한 가지 과정만 전문적으로 맡아 일하는 방식이었어요. 그러자, 자동차 한 대 만드는 시간이 엄청 줄어들게 되었어요.

새로운 방법으로 생산성을 높이다

컨베이어 시스템 덕분에 포드 자동차 회사는 짧은 시간 안에 많은 수의 자동차를 만들 수 있었어요. 또 한 사람이 같은 작업을 계속 반복하니 실수가 줄어들고 실력도 더 좋아졌어요. 당연히 자동차의 성능도 더 좋아졌어요.

이뿐만이 아니었어요. 포드는 생산성을 향상시키기 위해 다양한 방법을 썼어요. '생산성 향상'이란 적은 비용과 노동력을 들이고도 생산량을 더 늘릴 수 있도록 하는 거예요.

포드는 한 가지 자동차만을 대량 생산하면서 생산 과정을 통일시켰어요. 그래서 노동자는 숙련된 솜씨로 단 한 순간도 업무에 불필요한 동작을 하지 않고, 작업장의 공간을 효율적으로 활용하면서 자동차를 생산할 수 있었어요.

이를 통해 바로 '3S 원칙'이 만들어졌어요. '3S 원칙'이란 제품과 작업의 단순화, 부품과 작업의 표준화, 기계와 공구의 전문화를 말해요.

노동자들은 더 이상 공구를 들고 작업대로 가서 제품을 만들고 조립할 필요가 없어졌어요. 그 대신 끊임없이 돌아가는 벨트 앞에 일렬로 서서 다가오는 부품을 가지고 똑같은 작업을 반복해 제품을 만들게 되었어요. 이 방법이

1906년 포드 자동차 회사의 광고

큰 성공을 거두자 예전에는 한 시간에 한 대의 자동차를 만들었다면, 새로운 방법으로는 24초당 한 대의 자동차를 만들게 된 거예요. 이렇게 해서 만들어진 포드 회사의 대표적인 자동차가 바로 'T형 모델'이에요.

자동차를 만드는 데 시간이 적게 걸리자, 생산 비용도 줄어들었어요. 그래서 T형 모델은 1908년에 900달러였지만, 점차 가격이 낮아져 1914년에는 400달러가 되었어요. 무려 가격이 절반 이상 떨어진 거예요. 그 덕에 T형 모델은 날개 돋친 듯 팔려 나가 무려 1,500만 대가 넘게 팔려 당시 미국 땅을 누비던 자동차의 절반 이상이 T형 모델이었을 정도였어요.

자동차의 가격이 낮아지자, 많은 사람이 자동차를 살 수 있게 되었고, 포드 자동차 회사도 돈을 많이 벌어 노동자에게 주는 임금도 많아졌어요. 그래서 당시 포드 자동차 회사의 노동자들은 다른 회사 노동자들보다 두 배가 넘는 임금을 받았어요. 포드는 노동자의 수입이 많아야 소비가 늘고, 소비가 늘어야 생산도 늘어난다고 생각했어요. 그야말로 많이 만들고 많이 사는 시대를 만든 거예요.

포드의 고집과 열정 그리고 누구도 생각하지 못했던 새로운 생산 방식은 T형 모델을 성공적으로 이끈 원동력이 되었어요.

자동차 시대가 열리다

또한 T형 모델은 포드를 '자동차왕'으로 불리게 했을 뿐만 아니라 노동자들까지도 자동차를 타고 다닐 수 있게 만들어 바야흐로 자동차 시대가 열리게 했어요. 또 이에 발맞추어 많은 고속도로가 만들어지면서 자동차를 타고 주말에 놀러 가는

1915년 개통한 뉴욕에서 샌프란시스코까지 이어진 최초의 고속도로인 링컨 고속도로

'Made in China'라고 적힌 오이엠 상품

것이 일상적인 모습이 되었어요.

이후 대량 생산이 필요한 모든 공장은 포드의 컨베이어 시스템을 이용하기 시작했어요. 이렇게 수많은 노동자가 각자 맡은 부분의 일만을 집중적으로 하여 매일 수천 대의 자동차를 만들어 내는 컨베이어 시스템을 '포드의 대량 생산 체제' 혹은 '포드 시스템'이라고 불러요.

컨베이어 시스템은 생산성을 향상시켜 주는 포드의 또 다른 발명품이 되었어요. 이처럼 대량 생산 체제 기술을 이용해 통일된 제품을 한꺼번에 많이 만들어 내는 것을 '소품종 대량 생산'이라고 하는데, 학자들은 이를 포드의 이름을 따서 '포디즘' 혹은 '포드주의'라고 불렀어요.

전 국민의 '마이카' 시대를 연 포드는 오늘날 '현대를 발명한 사람'이라 불리고 있어요.

오이엠(OEM) 상품

'오이엠(OEM)'이란 생산은 다른 곳에서 하고 생산을 맡긴 곳의 상표만 붙여서 파는 것을 말해요. '주문자 상표 부착 생산 방식'이라고도 해요. 우리 주변에도 오이엠 상품이 많은데, 대표적인 예가 옷에 'Made in China'라는 상표가 붙은 경우예요. 이것은 중국에서 만들고 한국 상표를 붙여 파는 옷이라는 뜻이에요. 오이엠 상품을 만드는 이유는 한국에서 상품을 만드는 것보다 중국, 베트남 등에서 만드는 것이 노동자들에게 임금을 적게 줄 수 있어 기업의 이익이 더 크기 때문이에요. 오이엠 상품으로 기업은 생산비를 줄일 수 있고, 물건 만드는 나라는 노동력을 제공하여 돈을 벌 수 있고, 소비자는 싼 가격에 상품을 살 수 있어 서로 도움이 돼요.

헨리 포드 | 1863년 미국에서 태어난 기업가 헨리 포드는 어려서부터 기계에 흥미를 가져 기계공으로 자동차 제작에 몰두하였어요. 1899년까지 에디슨 전기 조명 회사에서 일을 했고, 1903년에는 '포드 자동차 회사'를 세웠어요. 그리고 1908년부터 T형 모델을 만들면서 포드 자동차 회사는 미국 최대의 자동차 회사가 되어 자동차 시장의 절반 가까이를 차지할 정도였어요. 1936년 포드 재단을 설립하여 환경과 교육 등에 지원을 아끼지 않아 1947년 포드가 세상을 떠난 후인 오늘날에도 재단의 활동은 계속되고 있어요.

조지프 슘페터
Joseph Schumpeter, 1883~1950

혁신만이 살 길이다

세계 최고의 경제학자를 꿈꾸다

1949년의 어느 날, 경영학자 피터 드러커와 그의 아버지 아돌프 드러커가 뉴욕의 어느 병원으로 향했어요. 아돌프의 오랜 친구인 조지프 슘페터를 병문안하기 위해서였어요.

아돌프가 병원에서 환자복을 입고 누워 있는 슘페터에게 껄껄 웃으며 다가갔어요.

"슘페터, 이게 얼마 만인가?"

"글쎄, 한 20년 만이던가?"

예순일곱 살의 슘페터도 아돌프를 매우 반갑게 맞았어요. 아돌프는 슘페터의 스승이자 친구였어요. 아돌프가 대학에서 강의하던 시절, 슘페터는 그의 강의를 듣는 학생이었어요. 아돌프는 슘페터의 뛰어난 능력을 한눈에 알아보았고, 일곱 살의 나이 차이에도 둘은 친구가 되었어요.

오랜만에 만난 두 사람은 한참 동안 이야기를 나누었어요. 그러다 아돌프가 문득 생각난 듯 슘페터에게 물었어요.

"자네, 아직도 자네가 죽은 후 어떤 사람으로 기억되길 바라는지를 말하고 다니는가?"

조지프 슘페터

아돌프는 슈페터가 서른 살 즈음에 늘 자신이 세계 최고의 경제학자로 기억되길 바란다고 입버릇처럼 말했던 것이 떠오른 거예요. 아돌프의 질문에 슈페터는 웃으며 말했어요.

"물론이지. 그 질문은 여전히 내게 중요하다네. 하지만 지금 나는 그때와는 전혀 다른 대답을 준비하고 있지."

"그 대답은 뭔가?"

"대여섯 명의 우수한 학생을 훌륭한 경제학자로 키운 교수로 기억되길 바란다는 것이네."

아돌프는 슈페터의 말을 이해할 수 없었어요. 슈페터가 말을 이었어요.

"난 이제야 깨달았다네. 책이나 이론으로 기억되는 것보다 사람을 변화시키는 것이 훨씬 더 보람 있는 일이라는 것을 말일세. 내가 아무리 대단한 이론을 세워 유명해진들 무엇하겠나? 내 이론을 인정하는 사람들이 없다면 말이야."

이렇게 아돌프가 슈페터를 병문안한 날로부터 닷새 후인 1950년, 슈페터는 67년의 삶을 뒤로하고 세상을 떠났어요.

경제학에 몰두한 조지프 슘페터

슘페터는 1883년 오스트리아-헝가리 제국의 트리에스흐에서 태어났어요. 하지만 네 살 때 아버지가 돌아가신 뒤 빈으로 가서 귀족 자녀만 다니는 학교인 테레지아눔을 다녔어요. 어릴 때부터 슘페터는 책을 무척 좋아해서 테레지아눔에서 고대 그리스와 로마에 관한 책들을 닥치는 대로 읽었어요. 영웅들과 철학자들의 이야기로 가득 찬 책을 통해 자신의 미래를 설계해 나간 슘페터는 훌륭한 정치가가 되길 바란 어머니의 바람과는 달리 학자를 꿈꾸었어요.

테레지아눔을 우수한 성적으로 졸업한 슘페터는 1901년, 영국의 빈 대학에 입학했어요. 이곳에서 슘페터는 당시 오스트리아의 유명한 경제학 교수였던 뵘바베르크와 비저의 지도를 받았어요. 아버지가 일찍 돌아가시는 바람에 어린 시절을 외롭게 보낸 슘페터에게 경제학은 삶의 희망이자 보람이었어요.

그 후 대학을 졸업하고 슘페터가 처음 얻은 직장은 이집트 공주의 재정 고문이었어요. 슘페터는 공주의 농장을 관리하면서 농장의 수입을 두 배로 늘리고 세금은 절반으로 줄여 주는 놀라운 재능을 보였어요. 그러면서도 그는 대학 교수가 되기 위해 경제학에 대한 공부를 열심히 했어요.

이집트 공주의 재정 고문 일을 마치고 돌아온 슘페터는 역시 자신이 있어야 할 자리는 학생들을 가르치는 대학이라고 다시 한 번 생각했어요. 그래서 독일 본 대학에서 강의를 시작했어요. 그리고 1932년에는 미국으로 자리를 옮겨 하버드 대학의 교수가 되었어요.

슘페터가 특히 관심이 있었던 분야는 자본주의 경제를 발전시키는 힘은 어디에서 나오는지에 관한 것이었어요. 이 문

독일 노르트라인베스트팔렌 주에 있는 본 대학

제를 두고 연구에 연구를 거듭한 결과 1912년에 선보인 『경제 발전의 이론』과 27년 뒤에 나온 『경기 순환론』은 모두 자본주의 경제 발전의 원동력에 대해 쓴 책이에요.

기업가의 혁신이 경제 발전을 가져온다

한계 효용학파는 경제가 매년 똑같이 반복될 때의 시장의 움직임에 대해 잘 설명해 주었지만 '경제가 왜 커지는가?'에 대해서는 제대로 답할 수 없었어요.

그것에 대해 슘페터가 찾은 해답은 바로 '기업가의 혁신'이었어요. '혁신'이란 오래된 관습, 방법 등을 완전히 바꾸어 새롭게 하는 것을 말해요. 그렇지만 슘페터가 말한 혁신은 새로운 발명만을 말하는 것이 아니었어요. 시장을 개척하거나, 값싼 원료를 발견하거나, 적은 비용으로 물건을 생산하는 방법을 찾아내는 일 모두를 혁신으로 생각했어요. 예를 들면, 포드

사람이 곧 돈이다, 인적 자본

'인적 자본'이란 사람이 가지고 있는 지식이나 기술 등의 능력을 말해요. 예전에는 '자본'이라고 하면 돈이나 땅 등만을 의미했어요. 하지만 경제가 성장하는 데 공장을 늘리거나 시설에 투자하는 것보다 교육에 투자하는 것이 더 효과적이라는 것이 알려지면서 사람의 능력에 관심을 기울이게 되었어요. 예를 들어, 우리나라는 6·25전쟁 등 경제적 어려움을 겪었지만, 세계가 놀랄 만큼 빨리 경제 성장을 할 수 있었던 것은 풍부한 인적 자본 덕분이었어요. 달리 말하면, 열심히 공부하는 것도 경제 성장에 도움을 줄 수 있는 거예요.

1890년대의 철강 생산 공장 모습

의 대량 생산 체제인 컨베이어 시스템을 개발해낸 것 등이 기업가의 혁신에 포함돼요.

다시 말해, 새로운 사업 기회를 발견하고 이를 실천하는 행동을 모두 혁신으로 생각한 거예요. 그리고 이런 기업가의 혁신이 자본주의 경제를 발전시키는 원동력이라는 거예요. 창의성과 모험심을 갖고 새로운 분야를 개척하는 기업가들 덕분에 이윤이 생겨나고 자본주의 경제도 발전한다고 여긴 거예요.

슘페터는 위기가 기회가 된다고 생각했어요. 경제가 어려울 때에는 일자리를 잃는 사람이 많아 사회 분위기는 절망적으로 변해요. 하지만 반대로 생각하면 사람이나 자원이 남아

돌기 때문에 오히려 새로 사업을 시작하기에 유리한 조건이 마련돼요. 이때를 놓치지 않고 새로운 생각으로 기술 혁신을 일으키면 성공할 수 있다는 것이었어요. 이러한 좋은 예가 바로 1970년대 기름값이 크게 올랐던 시절, 자동차 회사를 들 수 있어요.

당시 자동차 회사들은 기름값이 크게 오르자 자동차가 많이 팔리지 않을 것이라고 걱정했어요. 그리고 예상대로 미국에서 만든 큰 자동차는 잘 팔리지 않았어요. 하지만 일본에서 만든 작은 자동차들은 높은 기름값 때문에 불티나게 팔리기 시작했어요. 이것을 기회로 일본의 자동차 산업은 오히려 크게 성장했어요. 기름값이 오른 것을 전화위복의 계기로 삼은 거예요.

슘페터는 다음과 같이 말했어요.

"이윤은 기업가들의 혁신의 대가다."

이 말은 자본주의가

기술 혁신을 이룬 1960년대 철강 생산 공장 모습

> **호황과 불황**
>
> '호황'이란 경기가 좋은 상태를 의미하고, 반대로 '불황'은 경기가 좋지 않은 상태를 의미해요. 소비가 많고 투자가 늘고 수출이 많은 호황은 '호경기', 그 반대인 불황은 '불경기'라고 부르기도 해요. 슘페터의 이론처럼 자본주의의 경제 상태는 호황이었다가도 불황이 되거나, 불황이 곧 호황이 되는 등 끊임없이 변화하고 있어요.

발전하는 힘은 바로 기업가에게 있다는 거예요. 슘페터의 이 말 한마디에 수많은 기업가와 자본가는 환호했어요. '이윤은 노동자들이 땀 흘려 일한 대가'라는 마르크스의 주장을 반박할 수 있게 되었으니까요. 공교롭게도 슘페터는 마르크스가 세상을 떠난 해에 태어났고 이로 인해 그는 '자본주의 체제의 옹호자'라는 수식어가 붙게 되었어요.

자본주의의 발전과 변화를 연구하다

슘페터의 연구는 여기에서 그치지 않았어요. 그는 자본주의가 혁신을 통해 계속 발전해 나가지 못하고 불황에 부딪히는 이유에 대해 연구했어요. 그리고 슘페터는 그 이유가 기업가의 혁신이 시간에 따라 고르게 나타나지 않고 한꺼번에 나타났다가 사라지기를 반복하기 때문이라고 설명했어요.

예를 들어, MP3 플레이어를 만드는 데 성공하면 전자 회로 산업과 반도체 산업 분야가 덩달아 발전하게 돼요. 혁신이 다른 산업에까지 영향을 주는 거예요. 또 여기서 그치지 않고 너도나도 MP3 플레이어 생산에 뛰어들면서 차츰차츰 혁신의 효과는 사라진다는 거예요.

슘페터는 이렇게 자본주의 경제가 물결처럼 움직이는 모습을 네 가지 단계로 나누어 설명했어요.

첫째, 기업가의 혁신과 그 효과에 의해 균형이 파괴되는 '호황기'
둘째, 혁신의 효과가 사라지기 시작하는 '후퇴기'
셋째, 더 나아가지 못하고 제자리에 머무는 '불황기'
넷째, 새로운 균형을 준비하는 '회복기'

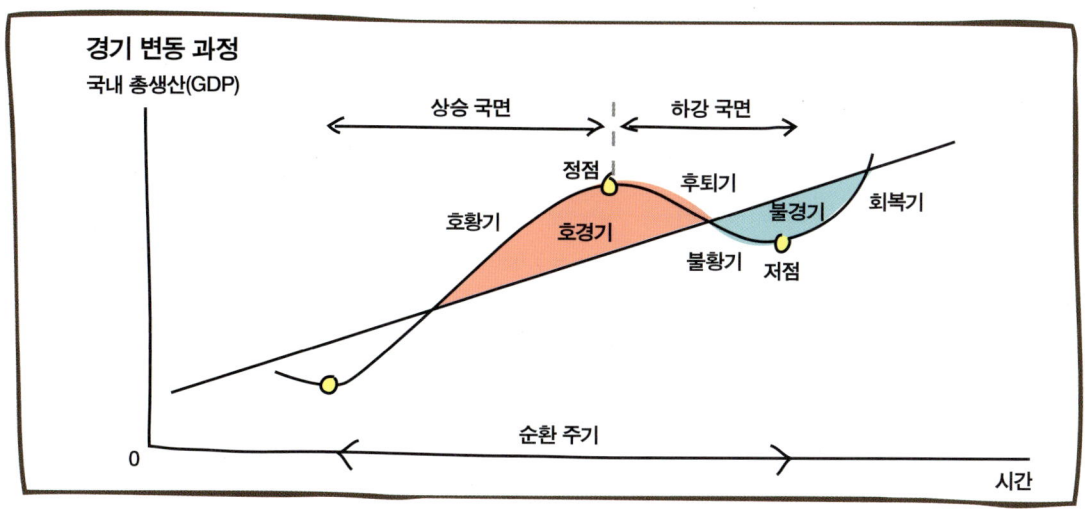

경기 변동을 나타낸 그래프

돈은 돌고 돌아 경제를 발전시켜요

기업이 재화와 서비스를 생산하고 팔아 번 돈은 노동자에게 임금으로 주기도 하고, 생산에 필요한 자본으로 이용하기도 해요. 기업에서 임금을 받은 노동자는 다시 자신이 원하는 재화나 서비스를 사는 데 돈을 써요. 이렇게 돈이 돌고 도는 것을 '소득의 순환'이라고 해요. 다시 말해, 생산자는 번 돈을 써서 소비자가 되기도 하고, 소비자는 돈을 벌기 위해 생산자가 되기도 하는 거예요. 소득의 순환이 잘 이루어지면 생산과 소비가 많아져 생활 수준이 향상되어 '경제가 성장한다'고 해요.

호황기에는 기업가의 혁신에 의해 생산과 소비가 매우 활발해져요. 하지만 점차 시간이 흘러 혁신의 효과가 사라지면 생산은 과도하게 많아지고 소비는 줄어드는 후퇴기가 오고, 다시 생산과 소비 모두 줄어드는 불황기를 거쳐 회복기를 지나 다시 호황기가 찾아온다는 거예요.

이처럼 슘페터는 마치 물결처럼 상승과 하강을 반복하며 자본주의가 발전한다고 생각했어요. 자본주의를 기업가의 혁신에 의해 끊임없이 발전하는 창조적 파괴의 과정으로 본 거예요. 이를 '경기 변동' 혹은 '경기 순환'이라고 불러요. 이후 경기 변동 이론은 케인스 등을 비롯한 많은 경제학자의 연구 대상이 되었어요.

자본주의는 멸망한다

하지만 슘페터는 우울한 예언을 하기도 했어요. 1942년에 출간된 『자본주의, 사회주의, 민족주의』란 책에서 그는 '자본주의가 발전할수록 자본주의는 무너져 사회주의로 바뀌어 간다'라고 주장했어요.

슘페터는 자본주의가 발달하면서 기업의 규모가 커질수록 혁신적이어야 할 기업가가 전문적인 경영인에게 기업을 맡기고 기업을 소유하기만 할 뿐 경영은 하지 않고 뒤로 물러앉아

독일 본에 있는 조지프 슘페터의 이름을 딴 길

있을 것이라고 보았어요. 그러면 기업은 더 많은 이윤을 남길 수 있지만 자본주의는 점차 발전을 멈추게 되고 그러면 여기저기서 자본주의를 비판하는 여론이 나올 거예요. 그런 사회에서는 결국 자본주의가 사회주의에 자리를 내주고 말 것이라고 보았어요.

그러나 물론 오늘날 자본주의의 현실은 슘페터의 예상과 다르게 흘렀어요. 하지만 세계의 경제는 계속 바뀌어 가고 있으니 슘페터의 주장이 틀렸다고 결론 내리는 것은 성급한 판단이에요.

오스트리아에서 태어나 미국으로 건너가서 하버드 대학의 교수까지 지낸 슘페터의 삶은 결코 평탄하지 않았어요. 하지만 그는 전 세계의 미래를 바꿀 우수한 경제학자를 키우기 위해 열심히 강의하고 연구했어요. 그 결과 슘페터는 자신의 뜻대로 오늘날까지 경제학사에 길이 남을 유명한 학자가 되었어요.

조지프 슘페터 | 1883년 오스트리아에서 태어난 경제학자 조지프 슘페터는 빈 대학에서 법학과 경제학을 공부하였어요. 잠시 오스트리아 공화국의 재무장관, 은행의 은행장 등을 맡는 등 정치에도 참여하였지만 1932년 미국으로 건너가 하버드 대학의 교수가 되어 경제학 연구에 몰두하였어요. 그리고 그곳에서 1939년에는 『경기 순환론』, 1942년에는 『자본주의, 사회주의, 민주주의』를 발표하며 경기 순환과 경제사회학 분야에서 성과를 냈어요. 또한 1948년에는 외국 출신의 경제학자로는 처음으로 미국 경제학 협회의 회장이 되는 등 꾸준히 활동하다 1950년 세상을 떠났어요.

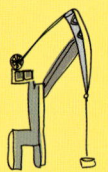

존 케인스
John Keynes, 1883~1946
대공황의 해결사

수학을 싫어한 수학 천재

존 케인스는 어느 날, 케임브리지 대학의 도서관에서 졸업 시험 공부를 하다 말고 한숨을 내쉬었어요.

"아니, 왜 그래? 수학이라면 자신 있어 하면서."

케인스의 모습에 친구는 영문을 몰라 물어보았어요. 그러자 케인스가 대답했어요.

"수학은 너무 현실과 동떨어져 있어. 이건 내가 생각한 학문이 아니야."

어려서부터 수학을 잘했던 케인스는 열아홉 살 때 케임브리지 대학에 입학했어요. 그곳에서 수학과 철학을 공부하면서 친구들과 문학, 예술에 관한 토론도 즐겨 했어요. 대학에서 케인스는 명확한 논리와 뛰어난 연설 능력으로 무척 인기가 높아 학생회장에 뽑힐 정도였지만, 그는 날이 갈수록 수학이 자신과 맞지 않는다며 실망했어요.

그렇게 고민하면서 졸업 시험을 마친 케인스는 다양한 분야의 책을 읽다 우연히 마셜의 『경제학 원리』를 접하게 되었어요. 이때 비로소 케인스는 경제학에 눈을 뜨게 되었어요. 그가 케임브리지 대

존 케인스

학에 들어갔을 때 경제학 공부를 한 것은 이때가 처음이었어요. 당시 마셜은 케임브리지 대학 교수로 있었는데, 케인스는 『경제학 원리』를 읽은 후 마셜의 이론에서 잘못된 점을 찾아 논문을 적어 제출했어요. 마셜은 케인스의 논문을 받고 단번에 그의 능력을 알아보았어요.

"케인스, 너는 경제학자가 될 수밖에 없을 거야."

마셜은 케인스에게 경제학 공부를 계속하라고 권유했지만 케인스는 마셜의 말을 귀담아 듣지 않았어요.

케인스는 케임브리지 대학 졸업 후 공무원 시험을 보고 인도와 관련된 일을 처리하는 인도청에서 근무하게 되었어요.

이때 그의 첫 업무가 황소 14마리를 인도로 보내기 위해 각종 서류를 정리하는 일이었어요.

케인스는 런던 시내에 있는 사무실에서 온종일 산더미 같은 서류들을 붙잡고 씨름했어요. 지루하고 따분한 업무 속에서 2년이 흘렀어요.

그가 스물다섯 살이 되던 날, 케인스는 중대한 결심을 했어요.

'나보고 황소나 옮기고 있으라고? 그럴 수는 없지. 마셜 교수님의 말씀이 맞았어. 나는 경제학을 공부해야겠어.'

그래서 케인스는 다시 케임브리지 대학으로 돌아가 경제학을 공부하기 시작했어요. 사실 케인스가 경제학에 남다른 재능을 타고난 것은 아버지의 영향이 컸어요. 케인스의 아버지는 마셜과 함께 당시 케임브리지 대학의 교수였어요.

경제학에서 답을 찾은 청년

케인스는 1883년 영국의 케임브리지에서 태어났어요. 그의 아버지는 경제학 교수이고, 어머니는 케임브리지 최초의 여성 시장일 정도로 부유한 가정이었어요. 이렇게 유복한 가정에서 태어난 케인스는 명문 사립학교인 이튼 학교를 다닐 때부터 공부를 잘해 장학금도 받고 수학 상도 혼자서 휩쓸 정도였어요.

하지만 그다지 잘생기진 못해서 이튼 학교의 한 선생님

은 그를 두고 '튀어나온 입술과 짙은 눈썹이 원숭이를 닮았다'고 놀릴 정도였어요. 튀어나온 입술 때문에 학창 시절 그의 별명은 '주둥이'였어요.

케인스는 1909년 다시 케임브리지 대학으로 돌아가 본격적으로 경제학 연구를 시작했어요.

경제학 공부를 마친 케인스는 1911년 스물여덟 살의 젊은 나이에 경제 전문지인 「경제 저널」의 편집자가 되어 의욕적으로 일했

존 케인스가 설립한 케임브리지 예술 극장

지만 성에 차지 않았어요. 그래서 케인스는 사회 다방면으로 활동 영역을 넓혀 영국 정부의 경제 정책을 결정하는 역할을 맡기도 하고 은행 이사로 일하거나 투자 회사를 운영하면서 많은 돈을 모으기도 했어요. 또 한편으로는 온종일 발레를 관람하고 극장과 미술관을 운영할 정도로 예술에 대한 관심 또한 남달라서 러시아 출신의 발레리나와 결혼할 정도였어요.

"경제학자는 수학자이자 역사학자인 동시에 철학자여야 한

다. 예술가처럼 현실에 얽매이지 않고 깨끗하게 살아가면서도 가끔 정치가처럼 아주 세속적이어야 한다."

자신의 이러한 말처럼 케인스는 수학과 역사학, 철학과 정치를 고루 꿰뚫은 경제학자였어요.

제2차 세계 대전을 예측하다

1914년에 발발한 제1차 세계 대전을 계기로 케인스는 영국 재무부에서 일하게 되었어요. 당시 영국은 전쟁을 치르느라 재정이 바닥날 지경이었는데, 케인스의 활약으로 위기에서 벗어날 수 있었어요. 그리고 제1차 세계 대전이 끝난 뒤인 1919년 1월, 미국, 영국, 프랑스 등 여러 나라는 독일에 전쟁의 책임을 지라며 전쟁 배상금을 요구하기 위해 회의를 열었어요. 이때 케인스는 영국 대표로 참석했어요.

"제1차 세계 대전으로 우리는 엄청난 피해를 봤어요. 당연히 독일이 책임을 져야 해요."

"전쟁을 일으킨 독일은 혼이 나야 마땅해. 그래야 다시는 전쟁을 못 일으키지."

"옳소! 독일이 다시는 전쟁을 일으키지 못하게 배상금 액수

손수레로 돈을 싣고 다닌 독일

제1차 세계 대전 후 엄청난 금액의 전쟁 배상금을 물기 위해 독일은 돈을 마구 발행했어요. 그 결과 물가는 하늘 높은 줄 모르고 치솟았어요. 화폐는 종이보다 값어치가 없어져 지폐를 도배 벽지로 사용할 정도였어요. 버터 1킬로그램에 50억 마르크, 빵 한 조각에 800억 마르크, 쇠고기 한 조각에 9,000억 마르크였기 때문에 노동자가 그날 번 돈을 손수레에 가득 싣고 집에 돌아가고, 시장을 보러 갈 때도 손수레를 사용해 독일 거리는 돈을 가득 실은 손수레로 넘쳐 났어요. 하지만 돈을 손수레에 잔뜩 싣고 시장에 가도 살 수 있는 것은 고작 빵 다섯 조각뿐이었어요. 심지어 식당에서 밥을 먹는 도중에도 음식 가격이 올라 손님들은 재빨리 식사를 해야 했어요. 독일은 할 수 없이 100조 마르크짜리 지폐를 찍어 낼 정도였어요.

를 1,320억 마르크로 합시다."

하지만 케인스의 생각은 달랐어요.

'모두 독일을 혼낼 생각만 하고 있어. 하지만 독일은 지금 배상 능력이 없어. 그런데 그렇게 많은 돈을 내라고 하면 독일 경제는 무너지고 말 거야. 그러면 독일은 궁지에서 벗어나려고 다시 전쟁을 일으킬 수도 있어.'

케인스는 용기를 내어 자신의 생각을 밝혔어요. 하지만 독일로 인해 엄청난 피해를 입은 상황에서 "독일에 너무 과중한 배상금을 요구하면 안 된다"고 말하는 것은 배반 행위나 마찬가지였어요. 하지만 케인스는 그런 비난을 감수했던 거예요.

"말도 안 됩니다! 그런 천문학적인 돈을 내려면 독일 경제는 아마도 망하고 말 겁니다. 그럼 또다시 재앙이 올지도 모릅니다."

아니나 다를까, 회의장에 모인 사람들은 모두 그의 주장을 무시했어요. 실망한 케인스는 회의가 끝나기도 전에 자리를 박차고 나왔어요. 그리고 이런 자신의 생각을 『평화의 경제적 결과』라는 책 속에 담아냈어요.

히틀러

놀랍게도 케인스의 생각은 그대로 적중했어요. 독일은 실제로 전쟁 배상금을 20억 파운드 정도밖에 지불하지 못했어요. 게다가 한 달에 물가가 세 배씩 뛰어오르는 엄청난 인플레이션을 겪어야 했어요. 전쟁 배상금을 마련하기 위해 비참한 생활을 해야 했던 독일은 마침내 독재자 히틀러를 탄생시켰어요. 히틀러는 이탈리아의 무솔리니, 일본의 국왕과 함께 제2차 세계 대전을 일으킨 장본인이에요.

이 일을 계기로 사람들은 케인스를 현실과 역사를 바로 보는 진정한 경제학자로 받아들이게 되었어요.

공황을 해결하기 위한 케인스의 해법

그의 냉철한 분석력은 전쟁 이후 찾아온 대공황 때 더욱 빛을 발했어요.

1929년 10월 24일 목요일, 뉴욕 주식 시장에서 주식 가격이 폭락했어요. 전날까지 주식을 사려고 아우성치던 사람들은 갑자기 서로 주식을 팔겠다고 난리가 났어요. 그리고 하루아침에 빈털터리가 된 충격에 이날 하루에만 열한 명이나 자살을 했을 정도였어요. 너무도 충격이 컸던 하루였기에 사람들은 이날을 '검은 목요일'이라고 불렀어요.

제1차 세계 대전이 끝나고 호황을 누렸던 미국 경제는 검은 목요일 사건이 일어나자 순식간에 무너져 버렸어요. 불과 4년 만에 8만 5,000개의 회사가 무너졌고, 500개 이상의 은행이

대공황 당시 세계 금융 시장의 중심가인 미국 월스트리트에 모인 군중을 묘사한 그림

문을 닫았으며, 1,400만 명의 노동자가 일자리를 잃었어요. 미국 경제의 붕괴는 유럽에까지 번져 자본주의 경제는 '대공황'에 빠져들었어요.

대공황은 끝날 기미가 보이지 않았어요. 팔리지 않은 상품들이 창고마다 넘쳐흐르고, 기업은 생산을 줄이고 노동자들은 해고되었고, 돈이 없는 노동자는 상품을 살 수 없어 상품은 더더욱 팔리지 않는 악순환이 계속되었어요. '보이지 않는 손'이 경제를 스스로 움직일 거라고 주장하던 경제학자들은 답을 찾아내지 못해 어쩔 줄 몰랐어요.

> **완전 고용과 불완전 고용**
>
> 케인스의 『고용, 이자 및 화폐의 일반 이론』에서 나온 말로 '완전 고용'과 '불완전 고용'이 있어요. '완전 고용'이란 일할 능력과 의지가 있는 모든 사람이 일하여 실업자가 없는 상태를 말해요. 반면 '불완전 고용'은 일할 능력과 의지가 있지만 일자리가 없어 일할 수 없거나, 일자리가 있긴 하지만 임금이 적어 일하지 않아 실업자가 있는 상태예요. 이전까지 경제학에서 실업자는 스스로 일자리를 찾지 않을 때만 생긴다고 생각했지만, 케인스의 이론 이후 일자리가 없어 일할 수 없는 상황에 대해서도 연구하게 되었어요.

이때 케인스는 1935년에 출간한 『고용, 이자 및 화폐의 일반 이론』이라는 책에서 공황의 원인에 대해 명쾌한 분석을 내놓았어요.

케인스는 공황이 수요 부족에서 비롯된다고 보았어요. 그는 '수요 부족이 문제라면, 수요를 만들어 내면 되지 않을까?'라고 생각하고 매우 단순하면서도 재미있는 예를 들어 이를 설명했어요.

첫째, 정부가 빈 병에 돈을 가득 담아 땅속에 묻는다.

둘째, 기업에게 땅속에 묻어 둔 돈을 마음대로 파 가도록 한다.

셋째, 기업은 사람을 고용하고 굴착기를 사들여 땅을 파서 병 속의 돈을 꺼내 간다.

넷째, 일자리를 얻은 사람들은 받은 월급으로 먹을 것도 사고 생필품도 산다.

다섯째, 의류 공장과 식료품 공장은 살아나고 덩달아 다른 산업도 활기를 띤다.

이러한 예는 조금은 엉뚱해 보이는 듯해도 많은 뜻을 담고

대공황 당시 뉴욕 부둣가에 누워 있는 남자

있어요. 투자와 소비가 경제를 살린다는 말이기 때문이에요. 케인스는 정부가 나서서 댐을 만들고 건물을 짓는다면 분명 좋은 결과를 가져올 거라고 주장했어요. 그렇지만 그 많은 실업자를 모두 고용해서 경제를 활성화시키려면 엄청난 돈이 필요한데, 그렇게 많은 돈이 정부에 있을까 하고 우려하는 사람도 있었어요.

케인스의 투자 승수 이론

케인스는 바로 여기서 뛰어난 수학 능력으로 우려하는 사람들의 목소리를 잠재웠어요. 케인스는 '투자 승수 이론'을 내세웠는데, '투자 승수 이론'이란 적은 돈을 투자하더라도 기대 이상의 큰 효과를 거둘 수 있다는 이론이에요. 예를 들면 다음과 같아요.

노랑 마을에 정부가 건물을 세우기로 했어요. 그래서 초록 기업에 노랑 마을의 공사를 맡겼어요. 그러자 노랑 마을 노동자들에게는 일자리가 생겼어요. 열심히 일한 노랑 마을 노동자는 그 대가로 1,000원을 받았어요. 그래서 그 돈 가운데 900원을 노랑 마을 안에 있는 과일 가게에서 과일을 사는 데 썼어요. 900원을 벌어들인 과일가게 주인은 800원을 주고 노랑 마을 안에 있는 고깃집에서 고기를 사고, 고깃집 주인은 그중 700원을 주고 노랑 마을 안에 있는 빵가게에서 빵을 사 먹고……

이런 식으로 계속되면 그 마을에 사는 모든 사람의 소득은 900원+800원+700원+600원+500원……. 총 5,500원이 돼요. 정부가 초록 기업을 통해 노동자에게 준 돈은 1,000원이었지만 마을 전체에는 다섯 배 이상의 소득이 생기는 거예요. 이것은 한 사람이 소비를 하면 그만큼 효과가 많이 늘어난다는 것을 의미하는 이론이에요.

정치가들은 이제 '보이지 않는 손' 대신 '케인스식 처방' 즉, '수정 자본주의'로 대공황에 맞섰어요. 미국의 대통령 프랭클린 루스벨트의 '뉴딜 정책'이 그 대표적인 예예요. 뉴딜 정책은 경제에 국가가 관

케인스의 이론을 실천에 옮긴 루스벨트 대통령

뉴딜 정책의 하나인 테네시 강 유역 개발 공사로 건설된 노리스 댐

여하여 실업자를 구제하고 경제를 다시 일으켜 세우려고 했던 경제 회복 정책으로 1933년부터 1940년경까지 진행되었어요. 미국은 테네시 강에 커다란 댐을 건설하고 산림을 조성하는 등 공공사업을 벌여 일자리를 많이 만들어 내고 소득을 늘려 소비를 많이 할 수 있게 했어요. 그 결과 1934년부터 미국의 경제 성장률은 높아지고, 실업자는 줄어들었어요. 이로써 정부의 개입을 통한 경제 회복이라는 케인스의 이론이 옳다는 것이 증명되었어요.

수정 자본주의

기존의 자본주의 경제 체제를 수정한 것을 말 그대로 '수정 자본주의'라고 해요. 수정 자본주의 이전의 경제 체제를 '자유방임주의'라고 하며 정부가 시장에 개입하지 않으면 '보이지 않는 손'이 저절로 경제 활동을 이루어 갈 것이기 때문에 정부는 나라의 치안만 담당하면 된다고 보았던 애덤 스미스의 이론으로부터 시작되었어요. 반면, 수정 자본주의는 기존 자본주의의 모순, 즉 빈곤·실업·대공황 등의 문제가 있으므로 국가가 경제 문제에 적극적으로 개입하여 해결해야 한다는 거예요. 이는 케인스의 이론과 그 이론을 받아들인 케인스학파에 있기 때문에 '케인스주의'라고도 하고, '혼합 경제', '이중 경제'라고도 해요.

새로운 화폐 가치를 정하다

대공황에서 세계를 구해낸 케인스는 그 후 『화폐 개혁론』과 『화폐론』 등의 책을 내며 통화 정책에 관해 연구했어요.

제2차 세계 대전이 끝날 즈음인 1944년 7월, 연합국 44개국 대표들이 미국 뉴햄프셔 주의 작은 도시 브레턴우즈에 모였어요. 케인스 또한 영국 대표로 참석했어요. 여기에서 그들은 다시는 대공황 같은 일이 일어나지 않을 경제 발전 방법에 대해 논의했어요.

가장 먼저 해결되어야 할 문제는 나라마다 서로 다른 화폐를 어떻게 교환할 것인가에 대한 것이었어요. 미국은 달러, 영국은 파운드, 프랑스는 프랑, 러시아는 루블 등 다양한 화폐를 서로 바꾸는 데는 기준이 필요했어요. 이전까지는 그 나라가 가지고 있는 금을 기준으로 화폐의 가치를 매겼어요. 이를 '금 본위 제도'라고 해요. 하지만 이 제도로는 대공황을 이겨 낼 수 없어 대표들은 새로운 기준을 정했어요.

"35달러를 들고 오면 금 1온스로 바꾸어 준다."

금 대신 달러를 기준으로 나라마다 화폐의 가치를 새롭게 정하기로 한 거예요. 이렇게 가치가 다른 두 나라가 돈을 서로 바꿀 때의 비율을 '환율'이라고 불러요.

달러가 환율의 기준이 되기 시작한 국제 금융 체제를 회의가 열린 도시의 이름을 따서 '브레턴우즈 체제'라고 불렀어요. 브레턴우즈 체제는 국제 통화를 안정시키고 무역을 확대하는 데 이바지했어요.

평가 절상과 평가 절하

다른 나라의 돈에 대해 한 나라의 돈의 가치를 올린 것을 '평가 절상'이라고 하고, 반대로 돈의 가치를 떨어뜨린 것을 '평가 절하'라고 해요. 예를 들어, 1달러가 1,000원에서 800원이 되면 우리나라 돈의 가치가 올라간 것이므로 "환율이 내려갔다"고 하고 평가 절상이라고 불러요. 반대로 1달러가 1,000원에서 1,200원이 되면 우리나라 돈의 가치가 떨어진 것이므로 "환율이 올라갔다"고 하고 평가 절하라고 불러요. 평가 절상이 되면 우리나라가 수출했을 때 돈을 적게 벌기 때문에 수출은 줄어들고 수입이 늘고, 평가 절하가 되면 그 반대가 돼요.

국제기구를 주장하다

또한 브레턴우즈 체제에서 케인스는 공황을 또다시 겪지 않기 위해서는 새로운 국제 금융 체제를 관리하기 위한 국제기구를 마련해야 한다고 주장했어요. 그래서 만들어진 것이 바로

국제 통화 기금과 금 모으기 운동

우리나라도 국제 통화 기금의 도움을 받은 적이 있어요. 정부나 중앙은행이 가지고 있는 외국 돈을 '외화 보유액'이라고 하는데 1997년에 우리나라는 외화 보유액이 바닥나서 그동안 외국에서 빌린 돈을 갚지 못하게 되었어요. 이런 현상을 '외환 위기'라고 불러요. 외환 위기가 일어나자 우리나라의 기업이나 금융 기관에 돈을 빌려 준 외국 금융 기관들은 일시에 빌려 준 돈을 갚으라고 모여들었어요. 결국 우리나라는 국제 통화 기금에 돈을 빌렸어요. 그리고 대부분의 나라에서 화폐 역할을 하는 금을 모으는 '금 모으기 운동'에 모든 국민이 참여했어요. 그래서 우리나라는 4년 만인 2001년에 국제 통화 기금에 빌린 돈을 모두 갚고 외환 위기에서 벗어났어요.

를 마련해야 한다고 주장했어요. 그래서 만들어진 것이 바로 '국제 부흥 개발 은행(IBRD)'과 '국제 통화 기금(IMF)'이에요.

국제 부흥 개발 은행은 세계의 경제 발전을 위해 설립된 국제 은행으로 '세계은행'이라고도 불려요. 정부에 낮은 이자를 받고 돈을 빌려 주는 은행이라고 할 수 있어요. 국제 부흥 개발 은행은 전기나 운송, 상·하수도 같은 사회 전체에 이익이 되는 사업이나 개발도상국의 산업 발전을 위해 돈을 빌려 줘요. 그리고 국제 통화 기금은 여러 나라가 기금을 모아 달러와 같은 외화가 필요한 나라에 빌려 주어서 경제가 원활하게 돌아가도록 돕는 일을 하는 기관이에요. 국제 부흥 개발 은행과 국제 통화 기금 모두 세계의 경제 발전을 위해 만들어진 기관이라고 할 수 있어요.

이처럼 많은 일을 하던 케인스는 건강을 잃어 브레턴우즈

회의 도중 심장 발작을 몇 차례 일으킬 정도였어요. 그럼에도 불구하고 그는 쉬지 않고 일하다 1946년 세상을 떠났어요. 하지만 케인스의 이론은 그 후로도 많은 경제학자에게 영향을 미쳤어요. 경제학자들은 케인스의 '수정 자본주의'를 바탕으로 경기가 나빠지면 정부가 지출을 늘리고 세금을 내려서 경제가 살아날 수 있도록 했고, 물가가 오르면 지출을 줄이거나 세금을 올려서 경제를 안정시켰기 때문이에요. 그래서 케인스는 지금도 20세기 최고의 천재 경제학자로 불리고 있어요.

미국의 워싱턴 D.C.에 있는 국제 통화 기금 본부

존 케인스 | 1883년 영국에서 태어난 경제학자인 존 케인스는 케임브리지 대학에서 수학을 공부하였어요. 대학을 졸업한 후 1906년부터 1908년까지 공무원 생활을 하다 다시 대학으로 돌아가 케임브리지 대학교 강사 겸 회계관으로 일했고, 경제 잡지의 편집자로도 생활했어요. 제1차 세계 대전 이후 파리 강화 회의 대표로 참석하였으나 연합국의 다른 대표들과 의견이 맞지 않아 물러났고, 투자 회사의 경영자 등으로 활동하며 브레턴우즈 협정의 영국 대표로 활동하는 등 여러 분야에서 활발히 활동하다 1946년 세상을 떠났어요. 그의 대표작으로는 『고용, 이자 및 화폐의 일반 이론』 등이 있어요.

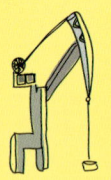

유일한
柳一韓, 1895~1971

기업에는 사회적 책임이 있다

정직함을 기본으로 생각한 기업가

우리나라가 일본의 식민지로 억압받던 1920년대 후반, 당시 약을 만들어 파는 제약 회사에서는 서로 자신들의 약품만 최고이고 만병통치약이라는 과장 거짓 광고가 많았어요.

하지만 그런 광고들 사이에서도 꿋꿋이 거짓 없는 광고를 내는 제약 회사가 있었어요. 그곳은 유한양행이라는 회사였어요. 유한양행의 회장은 유일한으로, 그는 소비자를 속여 약을 팔 수는 없다고 생각했어요.

'미국에서 들여온 새로운 약입니다. 말라리아와 감기를 낫게 해 주는 약과 기생충을 잡는 약입니다. 약은 사람마다 효과가 다르고 부작용이 생길 수 있으니, 꼭 의사나 약사와 상담하신 후 처방을 받으십시오.'

유한양행의 광고를 본 사람들은 처음에는 이상하게 여겼지만, 점차 유한양행의 광고에 믿음이 갔어요. 이전까지 광고만 믿고 약을 사 먹었다가 낭패를

유한 고등학교에 있는 유일한 동상

1959년 12월의 유한양행 약품 광고

본 사람들이 많았기 때문이에요. 그래서 유한양행은 믿을 수 있는 회사라고 생각하게 되었어요.

덕분에 유한양행은 점차 활동 영역을 넓혀 1930년대에는 만주를 비롯해 중국 동북부까지 진출하게 되었어요.

그때 시장 조사를 하던 한 직원이 유일한에게 말했어요.

"지금 만주에서는 모르핀이 없어서 못 팔 지경입니다. 회장님, 우리도 모르핀을 팔면 큰 이익을 얻을 수 있을 겁니다."

모르핀은 고통을 잠시 잊게 해 주는 진통제의 하나예요. 하지만 마약 성분이 들어 있어서 많이 먹으면 중독될 수 있는 위험한 약물이에요.

유일한은 그 말을 듣자마자 크게 호통을 치며 꾸짖었어요.

"그게 말이나 되는 소리인가! 자네는 도대체 지금까지 우리 회사에서 무엇을 배웠는가? 그런 생각을 하는 사람은 나라를 팔아먹는 매국노나 다름없네! 그런 사람은 우리 회사에 더는 있을 필요 없으니 당장 사표를 쓰게!"

유일한은 많은 돈을 버는 것보다 질 좋은 약을 만들어 나라와 민족에 도움이 되어야 한다고 생각한 거예요. 그래서 나라를 위하는 데 해가 되는 일은 절대 하지 않았어요. 덕분에 사람들은 유한양행의 약을 믿고 사 먹을 수 있었어요. 그럴수록 유한양행은 점점 더 큰 회사로 성장해 갔어요.

법으로 금하는 불공정 거래 행위

시장에서 어떤 기업이 자신의 이익을 챙기기 위해서 부당한 방법으로 다른 기업의 거래를 방해하는 것을 '불공정 거래 행위'라고 해요. 다시 말해, 공정한 경쟁을 막는 행위예요. 불공정 거래 행위는 주로 큰 기업이 더 많은 이윤을 얻으려고 정당하지 않은 방법으로 거래하기 때문에 일어나요. 대표적인 예가 바로 독점 기업이에요. 그 밖에도 상품을 싼값에 팔아서 다른 기업과 경쟁하지 않는 방법, 다른 기업의 상품을 헐뜯는 광고를 하는 방법 등도 있어요. 불공정 거래 행위는 힘이 약한 기업이나 소비자에게 피해를 줄 수 있기 때문에 정부에서 법으로 금지하고 있어요.

조국을 잊지 않은 유일한

유일한은 1895년 평양에서 태어났어요. 그의 아버지는 장사에 남다른 소질이 있어서 평양 시내에서 농산물 도매상과 재봉틀 대리점을 운영해 큰돈을 번 사람이었어요. 게다가 독실한 기독교 신자였어요.

유일한이 태어났을 때는 우리나라를 둘러싸고 외세의 침략이 매우 거셌어요. 더구나 일본이 우리나라를 식민 지배하려는 욕심을 드러내는 상황까지 이르자, 유일한의 아버지는 큰 결심을 했어요.

"우리나라가 이 지경이 된 것은 우리 민족이 못 배웠기 때문이다. 그러니 너는 미국으로 건너가 공부를 하고 돌아오너라. 그리고 우리 민족을 위해 힘써라."

아버지의 뜻에 따라 유일한은 열 살이 되던 1905년에 혼자 미국으로 유학을 떠났어요.

유일한의 원래 이름은 '유일형'이었어요. 하지만 미국에서 고등학교를 다닐 때 대한민국의 '한(韓)' 자를 넣어 '유일한'으로 이름을 바꾸었어요. 비록 지금은 미국에서 살고 있지만 조국을 잊지 않겠다는 굳은 결심을 이름에 나타내기 위해서였어요.

유일한은 직접 학비를 벌면서 미시간 주립 대학을 졸업했어요. 그리고 미시간 중앙 철도 회사의 회계사를 거쳐 전자 기기를 만드는 회사인 제너럴 일렉트릭이라는 회사에 들어갔어요. 당시 제너럴 일렉트릭에 동양인이라고는 유일한뿐이었지만 그는 점차 능력을 인정받아 갔어요.

미국 뉴욕에 있는 제너럴 일렉트릭 회사

하지만 유일한에게는 고민이 하나 있었어요.

"지금 우리나라는 일본 때문에 고통받고 있어. 그런데 내가

일제 강점기 가난한 생활을 한 우리 민족

아무 도움도 되지 않는다면 이건 내 역할을 다하는 게 아니야."

끊임없이 조국의 현실에 가슴 아파했던 유일한은 결국 3년 후 회사를 떠나 사업으로 돈을 벌어 조국의 동포들에게 도움될 만한 일을 하기로 결심했어요.

나라에 보탬이 되기 위해 노력하다

하지만 당시 유일한은 결심만 했지 자신이 어떤 사업을 할지 결정을 내리지 못하고 있었어요. 그러던 어느 날이었어요.

"여보, 만두 좀 드세요."

아내가 만두를 만들어 왔어요. 아내의 만두를 집어 먹던 유일한은 어린 시절 고향에서 어머니께서 만들어 주시던 그 만두 맛이 생각났어요.

"예전에 먹던 만두 맛이 아닌 것 같소."

"아마 만두소에 숙주나물이 안 들어가서 그럴 거예요."

그때 유일한은 무릎을 탁 쳤어요. 숙주나물은 만두뿐만 아니라 중국 요리에 흔히 들어가는 재료예요. 하지만 당시 미국에는 숙주나물의 원료가 되는 녹두가 흔치 않았어요. 그러니 미국에 이민 와 사는 많은 중국인을 상대로 신선한 숙주나물을 판매하면 인기가 높을 거라고 생각한 거예요.

그래서 유일한은 식품 회사 '라초이'를 세우고 몇 번의 시행착오 끝에 숙주나물을 통조림에 넣어 팔기 시작했어요. 유일한의 판단대로 숙주나물 통조림은 매우 인기가 좋아서 회사를 세운 지 4년 만에 미국에서 편히 살 수 있을 정도로 돈을 벌었어요.

그리고 1924년 유일한은 녹두를 구하기 위해 우리나라로 잠시 들어왔어요. 미국으로 떠난 지 21년 만에 찾은 조국이었어요.

소비자 보호법

소비자의 권리와 이익을 보호하기 위해 만든 법률을 '소비자 보호법'이라고 하는데 '소비자 기본법'이라고도 불러요. 소비자 보호법이 만들어진 데에는 상품을 만든 기업으로부터 피해를 당하지 않게 하려는 의도가 있어요. 예를 들어, 과자 한 봉지를 샀는데 과자가 절반밖에 들어 있지 않거나, 상한 과자라서 배탈이 나는 경우 소비자를 보호하기 위한 법이 없다면 기업에서는 모른 척하고 넘어가는 상황이 생길 수도 있어요. 이러한 피해를 막으려고 우리나라에서는 1980년부터 소비자 보호법을 만들어 소비자의 권리와 이익을 보호하고 있어요.

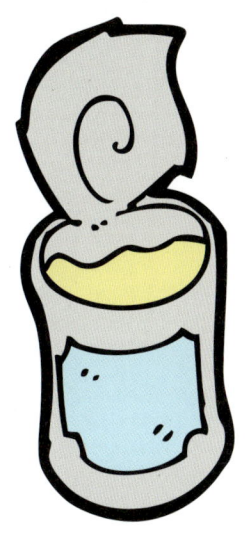

그때 그는 나라 잃은 설움과 가난으로 밥도 제대로 먹지 못하고 병에 걸려 죽어 가는 사람들을 보고 큰 충격에 휩싸였어요. 조국의 형편은 자신이 생각했던 것보다 훨씬 더 힘들었던 거예요.

그리고 다시 미국으로 돌아온 유일한은 고민에 빠졌어요.

"국민이 건강해야 나라를 지킬 수 있는 법. 고국으로 돌아가 우리 민족을 위한 사업을 시작해야겠어."

유일한은 큰 병이 아닌데도 약품이 없어 죽어 가는 조선 사람들을 위해 식품 회사 라초이를 팔고 미국을 떠나 고국으로 돌아가기로 했어요.

일제 강점기 우리나라의 거리 상인

나라와 민족을 위한 회사, 유한양행

1926년, 유일한이 미국 사업을 모두 접고 귀국길에 오를 때였어요. 평소 알고 지내던 독립운동가 서재필이 그에게 작은 선물을 주었어요. 그것은 서재필의 부인이 나뭇조각에 버드나무 그림을 새긴 것으로 그가 버드나무처럼 민족이 편히 쉴 수 있는 큰 그늘이 되어 달라는 의미였어요.

유일한은 귀국한 그해 종로 2가에 제약 회사를 세웠어요. 자신의 성을 딴 '유' 자와 대한민국의 '한(韓)' 자를 써서 회사의 이름을 '유한양행'이라고 짓고, 버드나무 그림을 회사의 상징으로 삼았어요.

이윤보다 사회, 사회적 기업

일반적인 기업의 목표는 이윤을 얻는 데 있어요. 하지만 그렇지 않은 기업도 있는데, 이들을 '사회적 기업'이라고 해요. 사회적 기업의 목표는 이윤이 아니라 사회에 좋은 일을 하는 데 있어요. 예를 들어, 장애우, 외국인 노동자 등 일자리를 얻기 어려운 사람들을 고용해 일자리를 마련해 주는 거예요. 유럽과 미국 등 선진국에서는 1970년대부터 사회적 기업이 활동하기 시작했고, 우리나라에도 재활용품을 거두어 되파는 '아름다운가게', 정신 지체 장애우가 만드는 우리 밀 과자를 판매하는 '위캔', 컴퓨터 재활용, 친환경 건물 청소 등 다양한 분야에서 사회적 기업이 활동하고 있어요.

유한양행은 약품뿐만 아니라 화장지나 비누, 치약부터 껌, 아이스크림, 농기구, 페인트까지 수입해서 팔았어요. 그가 이렇게 많은 제품을 판 것은 건강에 유익하도록 위생을 관리하고 농촌 사회에 도움을 주기 위해서였어요. 하지만 가격만큼은 매우 저렴했어요. 그의 사업 목적은 이윤을 남기는 데 있는 것이 아니라 민족을 위하는 데 있었기 때문이에요. 뿐만 아니라 유일한은 유럽의 여러 나라를 돌며 품질이 우수한 치료제를 가지고 돌아왔어요. 이 중 전염병을 막는 데 효과적인 백신은 다루기 까다롭고 이윤이 적어 다른 회사에서는 들여오려고 하지 않았어요. 하지만 유한양행은 발 벗고 나서 백신을 들여와 지방 병원에까지 전달하기 위해 노력했어요.

정직하고 품질 좋은 제품을 만드는 회사 유한양행은 많은 사람의 사랑을 받으며 점차 규모가 커져 갔어요. 그래서 유일한은 '점잖은 신사 상인'이라는 뜻의 '신상'이라고 불렸어요. 단순히 제품을 파는 장사치가 아닌 뜻있는 상인이라는 의미였어요.

우리나라 두 번째 기업 공개

기업 중에는 돈을 많이 못 벌었다는 거짓말로 세금을 많이 내려고 하지 않는 일도 있어요. 하지만 유한양행은 세금을 제대로 내는 회사이자 회사의 이익을 위해 정치인에게 몰래 돈을 주는 일이 없는 청렴한 회사로도 유명했는데 이는 모두 유일한의 경영 원칙에서 나온 것이었어요.

유일한은 기업을 자기 개인의 것으로 생각하지 않았어요. 기업은 사회와 직원들의 것이라고 생각했어요. 그는 늘 입버릇처럼 말했어요.

"이윤 추구는 기업이 성장하는 데 필요한 조건이다. 하지만 개인의 부귀영화를 위한 수단이 될 수는 없다. 기업의 주인은 사회이고, 기업가는 이를 맡아서 관리하는 사람일 뿐이다."

기업은 자신만이 아니라 사회를 이롭게 하여야 하며, 기업에서 얻어지는 이윤은 가능한 많은 사람에게 돌아가도록 하는 것이 기업의 의무라고 생각한 거예요. 그래서 1936년, 그는 기업 공개를 결정했어요. '기업 공개'란 기업이 발행한 주식을 일반 사람들을 대상으로 하여 공개적으로 주식을 팔거나 이미 발행되어 대주주가 가진 주식 중 일부를 여러 사람이 나눠 갖도록 하는 것을 말해요. 다시 말해, 기업의 재산에 관한 내용을 공개하고 누구든 주식을 살 수 있게 하는 거예요.

오늘날 기업 공개는 흔한 일이 되었지만 당시 기업 공개는 매우 획기적인 일이었어요. 기업의 주식은 사장이나 회장, 높

내가 기업의 주인, 종업원 지주제

'우리 사주 제도'라고도 불리는 '종업원 지주제'는 직원이 자신이 일하는 기업의 주식을 유리한 조건에 사서 주주가 될 수 있게 하는 제도예요. 여기에서 '지주'란 '주식을 가진다'는 뜻이니 쉽게 말해서 종업원 지주제는 종업원, 즉 직원들도 주식을 가질 수 있게 한다는 의미예요. 주로 기업에서 오랜 기간 일한 직원이나 직급 순으로 주게 돼요. 주식을 가진 직원은 자신이 기업의 주인이 된다는 생각으로 더 열심히 일할 수 있어요. 우리나라에서는 1939년 유한양행이 최초로 종업원 지주제를 시행했어요.

은 직위의 직원, 혹은 가족들이 갖는 것이 일반적이었기 때문이에요. 유한양행은 우리나라에서 두 번째로 기업 공개를 한 회사예요.

뿐만 아니라 많은 주식을 일반 직원들이 얼마든지 살 수 있게 했어요. 이로써 유일한은 직원 모두가 회사의 주인이라는 생각이 들게 해 주었어요. 이 밖에도 유일한은 자신이 가지고 있던 회사의 주식 40퍼센트를 기증하기도 했어요. 이렇게 그는 기업의 이윤을 자기가 갖지 않고 사회에 돌려주었어요.

모든 것을 돌려주고 떠나다

1954년, 유한양행은 튼튼한 기업으로 안정되어 갔어요. 그러자 유일한은 이제 교육 사업을 시작했어요. 자신의 돈으로 학교를 세워 우리나라의 힘이 될 인재를 키우기 시작한 거예요. 이 또한 기업의 주인은 사회라는 생각에서 나온 일이었

1969년 10월 유한양행 회장에서 물러나는 유일한

어요.

고려 공과 기술학교, 한국 직업학교, 유한 공업 고등학교, 유한 중학교는 모두 유일한이 세운 학교예요. 그리고 그는 틈만 나면 학교를 찾아가 학생들에게 격려와 응원의 말을 함께 전했어요.

그리고 1969년 회사의 대표 자리도 자식에게 물려주지 않고 전문 경영인에게 맡겼어요. 자식이라는 이유로 회사를 물려주는 것은 옳지 못하다고 생각했기 때문이에요.

모든 것을 사회로 돌려주려 하던 유일한은 1971년 3월, 한

유일한 탄생 100주년 기념 신문 광고

장의 유언장을 남기고 세상을 떠났는데 그 내용은 다음과 같아요.

손녀 유일링에게는 대학 졸업 시까지 학자금 1만 달러를 준다.

딸 유재라에게는 유한 공고 안의 내 묘소와 주변 땅 5,000평을 물려준다.

그 땅을 유한동산으로 꾸미되 결코 울타리를 치지 말고 유한 중·공업 고교 학생들이 마음대로 드나들게 하여 어린 학생들의 티 없이 맑은 정신에 깃든 젊은 의지를 지하에서나마 더불어 느끼게 해 달라.

내 소유 주식 14만 941주는 전부 한국 사회 및 교육 원조 신탁 기금에 기증한다.

아들 유일선은 대학까지 졸업시켰으니 앞으로는 자립해서 살아가거라.

이처럼 그는 세상을 떠나면서까지 사회를 위해 힘쓰겠다는 의지를 확고히 했어요. 그래서 유일한은 지금도 사회에 바람직한 일을 한 기업가로서 존경받고 있어요.

유일한 | 1895년 평양에서 태어난 우리나라의 기업가 유일한은 1904년 미국으로 건너가 미시간 주립 대학, 스탠퍼드 대학원에서 공부하였어요. 그리고 제너럴 일렉트릭에서 일하다 1922년 숙주나물 통조림을 만드는 식품 회사 '라초이'를 설립했어요. 하지만 1926년 우리나라로 돌아와 의약품과 화학·공업 약품, 생활용품 등을 생산하는 제약 업체인 '유한양행'을 세웠어요. 1936년에는 기업 공개를, 1939년에는 우리나라 최초로 종업원 지주제를 실시하였고, 회사가 안정된 후 교육 사업에 매진하였어요. 그리고 1969년 아들이 아닌 경영자에게 사장직을 물려주고 1971년 세상을 떠났어요.

베르틸 올린
Bertil Ohlin, 1899~1979

현대 국제 무역 이론의 창시자

무역이 궁금했던 스웨덴 소년

매일같이 숲을 놀이터 삼아 놀던 소년들이 있었어요. 그런데 어느 날 갑자기 조용한 숲에 떠들썩한 바람이 불었어요. 사람들이 잔뜩 몰려와 나무를 베어 가기 시작한 거예요.

소년들은 신기한 듯 놀이 대신 나무 베는 것을 구경했어요. 그러다 한 소년이 나무 베는 아저씨에게 다가갔어요.

"아저씨, 집 지으려고 나무 베시는 거예요?"

"아냐. 종이나 펄프를 만들려는 거야."

나무 베기에 여념이 없던 인부는 일에서 손을 놓지 않고 말했어요.

"우와, 이 나무들로요? 그런데 너무 많이 베시는 거 아니에요? 우리나라에서 다 쓰고도 남겠는데요?"

그제야 인부는 고개를 들어 소년을 바라보더니 대답했어요.

"이건 우리나라에서 쓸 것들이 아니야. 외국으로 수출할 거란다."

오늘날 북유럽의 복지 국가라고 불리는 스웨덴은 당시만 해도 인구의 대부분이 농촌에

베르틸 올린

노벨 경제학상

다이너마이트를 발명한 알프레드 노벨은 과학의 진보와 세계의 평화를 위해 자신의 유산을 써 달라는 유언을 남겼어요. 그래서 그가 남긴 유산을 기금으로 노벨 재단을 만들고, 여기에서 나오는 이자를 바탕으로 1901년부터 인류에 가장 큰 공헌을 한 사람들에게 매년 '노벨상'이라는 이름으로 상과 상금을 주고 있어요. 처음 노벨상이 만들어졌을 때는 평화·문학·의학·물리·화학 분야에만 상을 주었어요. 그러다 1968년 스웨덴의 중앙은행이 은행 설립 300주년을 기념으로 노벨 재단에 성금을 맡겨 1969년부터는 노벨 경제학상도 주게 되었어요. 노벨 경제학상의 본래 명칭은 '알프레드 노벨을 기념하는 스웨덴 은행 경제 과학상'이에요.

살며 농사를 짓던 농업 국가에서 공업 국가로 걸음마를 떼고 있었어요. 특히 펄프나 종이 같은 나무를 이용해 생산품을 많이 만들었어요. 스웨덴에서 가장 흔한 천연자원이 나무였기 때문이에요. 이렇게 만든 목재 생산품은 유럽의 여러 나라에 수출되어 스웨덴은 많은 돈을 벌어들였어요.

'수출? 그게 뭐지?'

처음으로 수출이라는 말을 들은 소년은 궁금증이 생겼어요. 이 소년이 바로 국제 무역 이론을 연구하여 노벨 경제학상을 받은 스웨덴의 경제학자 베르틸 올린이에요.

케인스와 논쟁을 벌인 올린

올린은 1899년에 스웨덴의 클리판에서 태어났어요. 그리고 열다섯 살에 룬트 대학에 입학해 수학과 통계학, 경제학을 공부했어요. 어려서부터 무역을 몸으로 느끼며 자란 탓에 올린은 경제학 중에서도 국제 무역에 관심이 많았어요.

"만약 두 나라가 무역을 하면, 어떤 것으로 무역을 해야 이익일까?"

올린은 본격적으로 경제학 공부를 하기로 했어요. 그래서 스무 살에 스톡홀름 대학에서 경제학을 전공하고, 1923년에 하버드 대학에 들어가서는 무역 이론에 대해 깊이 있게 공부했어요. 그 후 그는 스톡홀름 대학에서 경제학 박사 학위를 받았어요. 덕분에 1925년, 올린은 스물다섯 살이라는 젊은 나이에 코펜하겐 대학의 교수가 되었어요. 그리고 그해 자신의 무역 이론을 정리한 『무역 이론』이라는 책을 냈어요.

노벨상을 만든 알프레드 노벨

그로부터 4년 후인 1929년에 올린은 자신이 졸업한 학교인 스톡홀름 대학의 교수가 되었어요. 잘생긴 외모뿐만 아니라

조리 있는 말솜씨와 깊이 있는 지식으로 올린의 강의는 학생들의 인기를 한 몸에 받았어요.

올린의 말솜씨는 제1차 세계 대전 이후 독일이 배상금을 낼 수 있는지 없는지에 대해 케인스와 논쟁을 벌여 더욱 빛을 발했어요. 이 논쟁은 경제학계에서 매우 유명한 '트렌스퍼 논쟁'이에요.

당시 케인스는 독일에 너무 많은 배상금을 요구하면 독일 경제가 무너질 거라고 주장했어요. 독일이 배상금을 내려면

1920년대 스웨덴 펄프 공장의 모습

세금을 많이 걷고, 그만큼의 돈을 외국에서 벌어들여야 해요. 그러려면 수출을 많이 하고 수입을 줄여야 할 거고, 수출을 많이 하려면 수출하는 물건을 싸게 팔고 수입하는 물건은 비싸게 사야 할 거예요. 그러다 보면 독일은 점차 다른 나라에 비해 무역 조건이 나빠져 돈을 벌어들이기 더 힘들어질 거라고 생각했어요.

하지만 올린은 케인스의 주장이 옳지 않다고 생각했어요. 독일의 무역 조건이 나빠지지 않고도 수출을 늘리고 수입을 줄일 수 있다고 여긴 거예요.

우선 독일이 세금을 많이 걷어 배상금을 내면 독일 국민은 비싼 수입품을 사려고 하지 않을 것이니 수입량이 줄고, 배상금을 받은 다른 나라는 돈이 많아져 수입품을 많이 살 수 있으니 독일의 물건을 수입하게 된다는 거예요. 그러니 독일의 입장에서는 무역 조건이 나빠지지 않고도 수입을 줄이고 수출을 늘릴 수 있

유럽의 단일 화폐, 유로

'유로'는 유럽 연합(EU)에 속한 나라들 안에서 공통적으로 사용되는 돈이에요. '유럽 연합'은 1993년에 유럽 국가를 발전시키려면 유럽의 각 나라들은 한 나라처럼 움직여야 한다고 생각하여 만든 연합 기구예요. 유럽 연합은 유럽 중앙은행을 만들고 서로 같은 돈을 사용하기 위해 '유로'를 탄생시켰어요. 그리고 3년 동안의 시험 기간을 거친 후 2001년부터 벨기에, 독일, 그리스, 스페인 등 12개국에서 유로를 사용하기 시작했어요. 유로가 사용되는 국가를 '유로존'이라 부르는데, 2011년 현재 유로존은 그리스, 네덜란드, 독일, 룩셈부르크, 몰타, 벨기에, 스페인, 슬로바키아, 슬로베니아, 아일랜드, 에스토니아, 오스트리아, 이탈리아, 키프로스, 포르투갈, 프랑스, 핀란드의 17개국이에요.

유로

다고 주장했어요.

결국 이 논쟁은 결론이 나지 않은 채 끝났지만 국제 무역의 한 획을 그은 논쟁으로 남아 있어요.

현대적 국제 무역 이론, 헤크셰르-올린의 원리

1933년, 올린은 또 한 권의 책을 펴냈어요. 이 책은 자신의 스승이었던 헤크셰르의 이론을 바탕으로 완성한 국제 무역 이론으로, 제목은 『지역 간 및 국제 무역』이었어요. 여기에 담긴 이론을 '헤크셰르-올린의 원리'라고 불러요. 이것은 '나라마다 비교 우위를 갖는 분야에 집중하면 세계가 더 많은 부를 만들 수 있다'는 리카도의 비교 우위론을 좀 더 발전시킨 이론이에요.

올린은 나라마다 가지고 있는 토지, 노동, 자본 같은 생

베르틸 올린의 스승 헤크셰르

산 요소가 비교 우위를 결정한다고 생각했어요. 우리나라와 중국의 예를 들어 설명하면 다음과 같아요.

　지금 한국과 중국은 서로 무역을 많이 해요. 한국이 중국에서 수입하는 것은 주로 옷이나 신발 같은 제품이에요. 중국은 인구가 많아 옷이나 신발을 만드는 데 드는 인건비가 싸기 때문에 한국에 비해 물건 값이 비교적 싸요. 반면에 중국은 한국에서 휴대전화나 컴퓨터 같은 제품을 수입해 가요. 휴대전화나 컴퓨터는 중국보다 한국이 훨씬 비싸지만 중국은 이런 제품을 한국에서 수입하고 있어요.

　한국은 중국에서 값싼 제품을 수입하는데 왜 중국은 비싼 제품을 한국에서 수입할까요?
　이 이유를 헤크셰르-올린의 원리에서는 나라마다 다른 생산 요소 때문이라고 설명했어요. 중국은 노동력이 풍부한 대신 높은 기술력과 비싼 기계를 확보하지 못했어요. 그래서 중국의 입장에서 따져 보면 사람들의 손이 많이 필요한

> **경제 협력 개발 기구(OECD)**
>
> 경제와 세계 무역을 발전시키기 위해 1961년에 만든 국제기구를 '경제 협력 개발 기구(OECD)'라고 해요. 경제 협력 개발 기구는 세계인의 생활이 더욱 풍요로워질 수 있도록 서로 돕고, 무역이 활발하게 이루어지도록 노력해요. 또한 개발도상국의 경제 발전을 위해서 돈을 빌려 주거나 기술을 지원해 주기도 해요. 처음 경제 협력 개발 기구가 만들어질 때에는 미국과 유럽 등의 20개국이 참여했는데 2011년 현재는 우리나라, 일본, 오스트레일리아를 비롯하여 총 34개국이 참여하고 있어요.

산업을 통해 상품을 만들어 수출하는 대신, 높은 기술력이 필요한 산업을 통해 만들어진 상품을 수입하는 것이 이익이 많이 남는다는 거예요.

반면 한국은 높은 기술력과 비싼 기계가 있지만, 인구가 적고 지식을 갖춘 기술자가 많아요. 그래서 한국의 입장에서 따져 보면 사람의 손이 많이 필요한 산업보다 높은 기술력이 필요한 산업을 통해 상품을 만들어 수출하고, 사람들의 손이 많이 필요한 산업을 통해 만들어진 상품을 수입하는 것이 이익이 많이 남아요.

다시 말해, 각 나라들은 자신들의 생산 요소가 비교 우위에 있어 다른 나라에 비해 경쟁력 있는 상품을 수출하고 경쟁력이 떨어지는 상품을 수입하는 것이 이익이라는 거예요. 생산 요소 중 자본이 풍부한 국가는 자본으로 만드는 상품을 수출하고, 생산 요소 중 노동력이 풍부한 국가는 노동력을 이용해 만든 상품을 수출하게 되는 거예요.

『지역 간 및 국제 무역』과 헤크셰르-올린의 원리는 올린을 세계적으로 유명하게 만들었어요. 또한 "최근의 국제 경제학에 관한 가장 중요한 책", "국제 무역 이론에 대한 현실적인 공헌이자 경제학을 공부하는 학생이라면 꼭 읽어야 할 책"이라는 칭찬도 받았어요. 그래서 올린은 현대적인 국제 무역 이론의 창시자가 되었어요.

헤크셰르-올린의 원리는 국제 경제학 교과서에 기본 이론으로 실렸고 『지역 간 및 국제 무역』은 오늘날까지도 전 세계에서 국제 경제학의 기본 이론으로 사용하는 책이 되었어요. 이 업적으로 올린은 1977년에 영국의 경제학자 제임스 미드와 함께 노벨 경제학상을 받았고, 이후 많은 경제학자가 그의 이론을 다듬고 확대하는 연구에 뛰어들었어요.

케인스보다 먼저 실업 문제 해결을 위해 나서다

올린은 헤크셰르-올린의 원리 외에도 다양한 이론을 펼쳐 경제학에 큰 발전을 가져왔어요.

경제에 도움을 주는 사회 간접 자본(SOC)

아무리 자동차를 잘 만들어도 자동차가 달릴 도로나 수출할 항구가 없으면 자동차를 팔 수 없어요. 이렇듯 도로나 항구, 철도 등 여러 가지 생산 활동에 간접적으로 도움을 주는 자본을 '사회 간접 자본(SOC)'이라고 불러요. 그렇지만 개인이나 기업은 직접적으로 이윤이 생기지 않는 사회 간접 자본에 돈을 들이려 하지 않기 때문에 주로 정부에서 투자를 해요. 역사적으로 유럽이 경제의 중심이 될 수 있었던 것은 15세기 초반 콜럼버스와 마젤란, 바스코 다가마 등이 포르투갈과 에스파냐의 지원을 받아 항로를 개척해냈기 때문이에요. 이처럼 사회 간접 자본에 많이 투자한 나라는 경제적 효율성이 매우 높아요.

특히 올린은 실업 문제가 생기는 원인과 해결책을 밝혀냈어요.

사람들이 돈을 많이 벌어도 그만큼 소비하지 않으면 총 수요가 줄어들어 공장에 물건이 남아돌게 돼요. 그러면 기업은 물건 생산량을 줄이고 노동자의 수도 줄이려고 해요. 그러면 실업자가 늘어날 수밖에 없어요.

올린은 실업 문제를 해결하는 방법으로 정부가 투자를 많이 해서 수요를 만들어야 한다고 주장했어요. 또한 정부가 투자할 분야는 사회 간접 자본이나 기초 산업 등으로, 민간 기업들을 지원해 주는 산업이어야 한다고 했어요. 이것은 케인스의 이론과 매우 비슷해요. 사실 올린은 케인스보다 이른 시기인 1927년과 1934년에 스웨덴 정부에 이런 보고서를 보냈어요. 하지만 올린의 보고서는 영어가 아닌 스웨덴어였기 때문에 널리 알려지지 못했어요. 그래서 이 주장은 오늘날까지 케인스의 이름으로 알려져 있어요.

올린은 경제학뿐만 아니라 사회에도 큰 관심을 보여 국회의원으로 정치 활동을 하기도 했어요. 자신의 경제학 이론을 사회에 이롭게 쓰고 싶었던 거예요.

올린은 무역 이론의 현대화라는 업적으로 노벨 경제학상을 받은 지 2년 만에 세상을 떠났어요. 하지만 그의 명성은 오늘날까지도 활발한 무역처럼 끊이지 않고 전하고 있어요.

대공황 당시 실업자로서 직장을 구하려는 남성들의 행진 모습

베르틸 올린 | 1899년 스웨덴에서 태어난 경제학자 베르틸 올린은 코펜하겐 대학과 스톡홀름 대학을 졸업한 후 1924년 경제학 박사 학위를 받고 교수가 되었어요. 1933년에는 무역 이론의 근대화라는 업적을 이룩한 『지역 간 및 국제 무역』이라는 책에 헥크셰르-올린의 원리를 발표하였어요. 한편, 그는 정치 활동도 활발히 하여 1938년 국회의원이 된 이후 자유당 총재 등으로 일하기도 했어요. 그리고 1977년 노벨 경제학상을 수상한 후 1979년 세상을 떠났어요.

월트 디즈니

Walt Disney, 1901~1966

미키 마우스의 아버지

미키 마우스를 만든 청년

늦은 밤, 월트 디즈니는 자신의 작업실에서 새로운 애니메이션의 주인공을 구상하고 있었어요. 그는 몹시 우울하고 지쳐 있었어요. 한시라도 빨리 새로운 애니메이션 주인공을 만들어 내지 못하면 자신의 이름을 건 스튜디오가 문을 닫을 수밖에 없는 상황이었어요.

한참 고민하던 월트는 예전 기억을 떠올려 재미있는 캐릭터를 하나 생각해냈어요. 캔자스에서 어려운 시절을 보낼 때 틈만 나면 책상 위로 쥐 한 마리가 기어올라 왔었어요. 월트는 자주 그 쥐에게 치즈를 떼어 주었고, 순하지만 겁 없는 쥐는 치즈를 다 먹고는 월트의 손바닥에서 몸을 웅크린 채 잠들었던 거예요.

그는 귀가 큰 쥐를 종이에 그려 놓고 어브 이웍스에게 말했어요.

"이 녀석을 주인공으로

월트 디즈니

만들면 어때?"

어브 이웍스는 월트가 그린 쥐를 매우 흥미로워했어요. 그래서 금세 귀여운 생쥐 캐릭터를 디자인했어요.

"이 생쥐의 이름은 뭐라고 지을까? 그래, 모티머 마우스가 좋겠다."

월트는 생쥐에게 모티머 마우스라는 이름을 지어 주었어요. 그러나 월트의 부인은 이 이름이 마음에 들지 않았어요.

"모티머라는 이름은 별로예요. 다른 이름을 붙여 봐요."

"그럼 당신이 생각하는 이름을 말해 봐요."

"음, 미키가 어떨까요? 미키 마우스라고 부르는 거예요."

월트는 '미키 마우스'라는 이름이 괜찮다고 생각했어요. 이렇게 해서 탄생한 캐릭터가 까맣고 둥근 귀에 빨간 바지를 입고 노란 구두를 신은 귀여운 생쥐 '미키 마우스'예요.

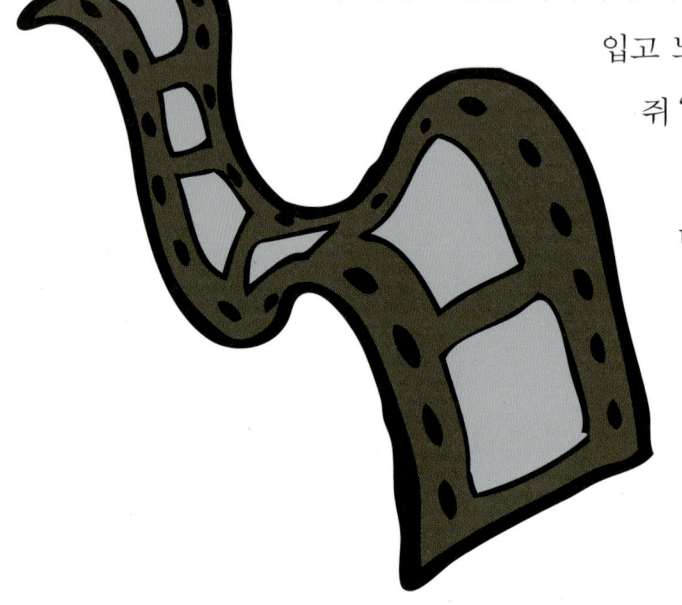

그 후 미키 마우스는 월트 디즈니 회사의 상징이 되었어요. 또한 미키의 여자 친구인 '미니 마우스'와 심술궂지만 알고 보면 착한 '도널드 덕' 등 미키의 친구들

을 연달아 만들어 큰 인기를 얻게 되었어요.

월트 디즈니 스튜디오를 세우다

월트는 1901년 미국 시카고에서 태어났지만 갓난아기 때 가족과 함께 시골로 이사를 갔어요. 호기심 많은 소년 월트는 싱그러운 풀밭과 푸른 하늘이 있는 자연 속에서 상상의 날개를 펼치곤 했어요. 그러다 점차 만화에 흥미를 갖게 되었어요. 고등학교에 다닐 때에는 학교 신문에 삽화를 그리며 만화가의 꿈을 키웠어요.

당시 미국에서는 애니메이션이 막 생겨나 사람들의 관심을 끌기 시작하던 때였어요. 이때 월트도 애니메이션에 관심을 가졌어요. 하지만 아버지의 뜻에 따라 열여덟 살 때부터 아버지

열 살 때의 월트 디즈니(가운데 오른쪽)

어브 이웍스

1901년 미국에서 태어난 애니메이션 제작자인 어브 이웍스는 1919년 월트 디즈니와 처음 만났어요. 월트 디즈니가 '월트 디즈니 스튜디오'를 세우고 애니메이션을 만들기 시작할 때 그와 함께 일하며 〈운 좋은 토끼, 오스왈드〉, 〈증기선 윌리호〉 등을 만들었어요. 특히 미키 마우스는 그의 손에서 탄생한 캐릭터라고 해도 과언이 아니에요. 그러나 미키 마우스를 주인공으로 한 애니메이션 시리즈를 만들어 내는 동안 그는 월트 디즈니와 사이가 점점 멀어져 1930년에는 개인 스튜디오를 만들어 활동했어요. 하지만 10년 후 월트 디즈니 스튜디오로 돌아와 애니메이션의 특수 효과를 담당하다 1971년 세상을 떠났어요.

의 친구가 경영하는 젤리 공장에서 일하게 되었어요. 하지만 공장 일은 월트에게는 따분하기 그지없었어요. 결국 월트는 공장을 그만두고 그림 그리는 일을 하겠다고 나섰지만 경험 없는 그를 써 주겠다는 곳은 한 군데도 없었어요.

"월트, 내가 한번 일자리를 알아봐 줄게."

은행에서 일하던 월트의 형 로이는 그런 동생을 보다 못해 광고 회사에 동생을 소개시켜 주었어요. 형의 소개 덕분에 월트는 드디어 일을 시작하게 되었고 그곳에서 잠시 경험을 쌓은 후 선전용 필름을 만드는 회사로 자리를 옮겼어요. 그리고 그곳에서 어브 이웍스를 만났어요.

서로 뜻이 잘 통했던 둘은 함께 애니메이션 작품을 만들기로 약속하고 애니메이션 제작 회사를 세웠어요. 그리고 함께 첫 작품을 만들었지만 개봉하기도 전에 배급 회사에 속아 망하고 말았어요. '배급 회사'란 제작 회사가 만든 영화·애니메이션 등을 개봉할 수 있도록 극장 등에 배급하는 회사예요.

하지만 월트는 쉽게 포기하지 않았어요. 그는 형 로이에게 돈을 빌려 1924년 '디즈니 브라더스 스튜디오'를 세웠어요. 그리고 새로운 애니메이션 〈운 좋은 토끼, 오스왈드〉를 만들어 큰 인기를 얻었어요. 그러자 형 로이가 회사 이름을 '월트 디즈니 스튜디오'로 바꾸자고 제안했어요. 이것이 오늘날 세계적인 기업 '월트 디즈니'의 시작이에요.

> ### 흑자와 적자
>
> '흑자'란 수입이 지출보다 많은 경우를 말하고, '적자'는 흑자의 반대로 지출이 수입보다 많은 경우를 말해요. 흑자와 적자를 말 그대로 풀면 검은색의 글자와 붉은색의 글자라는 뜻이에요. 이렇게 색깔로 수입이 많은지 적은지를 나타내게 된 것은 수입과 지출에 대한 내용을 적는 회계 장부에 수입이 많으면 검은색으로, 적으면 붉은색으로 표시하던 데서 유래되었어요. 흑자와 적자는 가정, 기업, 무역 등 돈이 들고나는 어디에서든 쓰는 말이에요.

쓰디쓴 경험 끝에 저작권 문제를 해결한 월트 디즈니

하지만 월트 디즈니 스튜디오는 큰 위기에 부딪쳤어요. 월트는 물론이고 로이, 어브 이웍스까지 이들 아무도 저작권에 대해 몰랐기 때문이었어요.

〈운 좋은 토끼, 오스왈드〉에 대한 저작권은 이 작품을 배급했던 배급 회사가 가지고 있었어요. 저작권에 대해 아무것도 몰랐던 월트 디즈니 스튜디오가 배급 회사와 계약을 할 때 저

창작물을 보호하는 저작권

'저작'이란 자신의 생각과 감정을 표현하여 만든 책이나 작품을 가리켜요. '저작권'은 이러한 저작에 대해 갖는 권리를 말해요. 다시 말해, 한 사람의 생각과 감정에서 창작된 작품 등을 다른 사람이 함부로 쓸 수 없도록 보호해 주는 권리예요. 자신이 만든 창작물을 세상에 내놓았을 때 소유권을 가지는 것으로 다른 사람이 이것을 사용하고 싶다면 저작권을 가진 사람에게 허락을 받아야 해요. 저작권에 포함되는 창작물은 매우 많아요. 소설, 시, 논문, 음악, 연극, 그림, 조각 등은 물론이고 건축물, 사진, 컴퓨터 프로그램까지 포함돼요.

작권을 넘겨주겠다는 계약서에 사인을 해 버렸기 때문이었어요.

나중에야 자신들의 실수를 알아차린 월트는 배급 회사를 찾아갔지만 배급 회사는 그의 말을 들어주기는커녕 코웃음만 쳤어요. 게다가 배급 회사는 월트 디즈니 스튜디오에서 일하는 직원을 빼돌려 자기들이 직접 작품을 만들어 내기까지 했어요. 결국 월트 디즈니 스튜디오는 자신들이 일해서 만든 작품이 다른 사람의 손에 넘어가고 회사는 적자에서 벗어날 수 없는 최악의 상황을 맞았어요.

월트는 화가 나 참을 수 없었지만 여기에서 무릎을 꿇을 수는 없었어요. 그는 다시 새로운 캐릭터를 만들기 위해 노력했어요. 그리고 마침내 그 유명한 미키 마우스를 탄생시켰고 1928년에는 소리가 나오는 최초의 애니메이션 〈증기선 윌리호〉라는 작품으로 미키 마우스를 세상에 선보였어요. 미키 마우스 캐릭터는 큰 성공을 거두었지만 이 역시 저작권 문제에 휘말리고 말았어요.

이번에도 배급 회사가 요구하는 조건에 맞춰 주어야 작품을 개봉할 수 있었던 상황 때문에 맺은 불리한 계약 조건이 문제였어요. 하지만 월트는 이번만큼은 저작권을 지키기 위해 노력했어요. 그래서 긴 법정 싸움 끝에 미키 마우스의 저작권을 되찾을 수 있었어요.

저작권을 표시하는 기호

1930년대에 이르러서는 애니메이션뿐만 아니라 미키 마우스와 미니 마우스가 들어간 캐릭터 장난감이 세계적으로 인기를 끌게 되었어요. 그러자 월트 디즈니 스튜디오를 사고 싶다며 사람들이 몰려들었고 게다가 세계 각국에서는 미키 마우스 캐릭터를 몰래 사용하는 회사도 생겼어요.

하지만 월트는 예전 같은 경험을 되풀이하지 않기 위해 회사가 아무리 어려워져도 어느 누구에게도 저작권과 회사를 팔지 않았고 불법으로 월트 디즈니 스튜디오의 캐릭터를 사용하는 회사를 단속했어요.

미국 로스앤젤레스 헐리우드 워크 오브 페임에 있는 미키 마우스

새로운 꿈을 향해 끊임없이 나아가다

성공을 이룬 월트의 꿈은 점차 커졌어요.

'애니메이션을 길게 만들어 보면 어떨까?'

당시 한 시간이 넘는 애니메이션은 지루해서 아무도 보지 않을 거라고 생각했기 때문에 매우 짧은 단편 애니메이션만 만들었어요. 하지만 월트는 그런 생각을 단번에 깨고 1937년에 한 시간이 훌쩍 넘는 긴 애니메이션인 〈백설 공주〉를 만들었어요. 〈백설 공주〉를 본 사람들은 월트를 칭찬했고 〈백설 공주〉도 세계적인 사랑을 받았어요.

하지만 장편 애니메이션은 많은 돈이 들기 때문에 만약 제작해서 인기가 없으면 회사는 빚을 떠안을 수밖에 없었어요. 아니나 다를까, 〈백설 공주〉 이후 월트의 작품은 큰 인기를 얻지 못했고 제2차 세계 대전까지 일어나자 다시 한 번 어려움에 처했어요.

"동화 같은 애니메이션만으로는 더 이상 회사를 일궈 갈 수 없겠어. 교육 영화를 만들어 보자."

월트는 힘을 내어 작품을 만들었어요. 그렇지만 어느 배급 회사도 그의 작품을 받아 주지 않았어요. 배급 회사는 교육 영화에서 이윤을 얻을 수 없을 것이라 여겼기 때문이었어요. 절박한 이때, 월트의 형 로이가 한 가지 제안을 했어요.

"우리가 직접 배급을 해 보면 어때? 우리가 만든 작품이니 우리가 직접 극장에 가서 작품 설명을 하면 훨씬 잘할 수 있을 거야. 게다가 배급 회사에 돈을 주지 않아도 되잖아."

그래서 로이와 월트는 1953년, 마침내 월트 디즈니 스튜디오가 있던 거리의 이름 '부에나비스타'를 그대로 회사의 이름으로 정한 배급 회사를 세웠어요. 그리고 어렵게 극장을 구해 교육 영화인 〈사막은 살아 있다〉를 선보였어요. 여느 배급 회사의 예상을 깨고 〈사막은 살아 있다〉는 많은 사람의 가슴을 울리며 큰 인기를 끌었어요.

월트는 여기서 멈추지 않았어요. 그는 환상적인 놀이공원을 상상했어요. 거리를 멋있게 꾸미고 신나는 놀이기구를 들여놓고 맛있는 음식을 파는 거예요. 물론 놀이공원 안에는 미

발명품을 보호하는 권리, 산업 재산권

문화·예술 분야에 저작권이 있다면, 산업 분야에는 산업 재산권이 있어요. '산업 재산권'은 새로운 물건이나 기술을 발명했을 때 가치를 인정해 주는 권리예요. 산업에 이용할 만한 가치가 있는 새롭고 창의적인 물건 혹은 기술을 만들어 낸 후 특허청에 등록하면 권리를 얻을 수 있어요. 산업 재산권에는 획기적인 발명을 한 것에 대한 '특허권', 기존에 있던 물건이나 기술을 개선한 것에 대한 '실용신안권', 아름다운 디자인이 돋보이는 것에 대한 '디자인권', 상품을 표시하는 상표를 대상으로 한 '상표권' 등이 있어요.

> **라이선스 계약과 로열티**
>
> 저작권이 있는 작품이나 산업 재산권이 있는 상품, 기술 등은 권리를 가진 사람의 허가를 받아야만 쓸 수 있어요. 이때의 계약을 '라이선스 계약'이라고 해요. 라이선스 계약은 작품이나 상품, 기술에 대한 권리를 빌리는 것이라고 볼 수 있어요. 그 대신 권리를 사용하는 데에 대한 대가를 치러야 해요. 보통 '로열티'라는 사용료를 내는 거예요.

키 마우스 같은 애니메이션 주인공들이 애니메이션에서 튀어나온 것처럼 돌아다니고 말이에요. 사람들은 이런 월트를 비웃었어요.

"세상에, 그런 놀이공원을 만드는 게 가능하긴 해?"

하지만 월트는 최초의 텔레비전용 애니메이션을 만들어 번 돈으로 미국 서부 캘리포니아 주의 애너하임에 땅을 샀어요. 그리고 바로 '디즈니랜드'를 짓기 시작했어요.

1955년 7월 17일, 디즈니랜드는 마침내 문을 열었어요. 그리고 전 세계에서 손꼽히는 놀이공원으로 사람들의 발길이 끊이지 않자 월트는 미국 동부에도 디즈니랜드를 세우기로 계획했어요. 하지만 그는 1966년 세상을 떠나고 말았어요. 그 대신 그의 뜻을 이어받은 형 로이가 1971년 미국 서부 플로리다 주에 월트를 기리는 '월트 디즈니 월드'를 세웠어요. 오늘날 디즈니랜드는 프랑스, 일본, 홍콩 등 세계 여러 나라에 세워져 전 세계 모든 이의 사랑을 받고 있어요.

월트 디즈니는 단순한 애니메이션 제작 회사의 성공한 기업가가 아니었어요. 환상과 꿈을 현실로 만든 애니메이션 감독이자 새로운 대중문화를 개척한 인물이었어요.

디즈니랜드 미키 마우스와 월트 디즈니 동상

월트 디즈니 | 1901년 미국에서 태어난 애니메이션 제작자이자 기업가인 월트 디즈니는 1922년부터 회사를 설립하여 애니메이션 제작에 힘썼어요. 하지만 당시 애니메이션은 인기를 끌지 못해 문을 닫았고, 다시 1923년 형과 함께 '디즈니 브라더스 스튜디오'를 세워 〈운 좋은 토끼, 오스왈드〉 등을 만들어 성공하자 '월트 디즈니 스튜디오'로 회사 이름을 바꾸었어요. 1928년 어브 이웍스와 함께 '미키 마우스'가 등장하는 〈증기선 윌리호〉라는 작품을 발표하고, 이후 〈백설 공주〉, 〈피노키오〉, 〈신데렐라〉 등의 작품으로 큰 성공을 거두었어요. 1955년에는 디즈니랜드를 완성하고 1966년 세상을 떠났어요.

밀턴 프리드먼
Milton Friedman, 1912~2006
샤워실의 바보가 되지 마라

경제 흐름을 몸소 느낀 청년

1929년의 어느 날이었어요. 여느 때처럼 생활비를 벌기 위해 식당으로 향한 밀턴 프리드먼은 깜짝 놀랐어요.

"아니, 사장님. 식당을 파신다고요?"

"그래. 지금은 식당을 운영해 봐야 이득이 없어. 경제학 공부를 한다면서 그것도 모르나?"

프리드먼은 러트거스 대학의 수학과 경제학 분야에서 성적이 가장 뛰어난 학생이었어요. 하지만 식당 주인이 바뀌면 자신도 쫓겨날지 모른다는 생각에 불안해졌어요. 어머니와 단둘이 사는 프리드먼은 식당에서 쫓겨나면 먹고살 일이 막막해지기 때문이에요.

"그럼 저는 어떻게 되는데요?"

"새 주인한테 내가 잘 말해 줄게."

그래서 식당의 주인은 바뀌었지만 프리드먼은 같은 식당에서 계속 일을 할 수 있었어요.

그런데 경제 대공황이 일어나고 말

밀턴 프리드먼

앗어요. 결국 새 주인은 다시 옛 주인에게 손해를 보고 식당을 되팔아 버렸어요. 시간이 흘러 대공황도 점차 정리가 되면서 경제는 조금씩 되살아났어요.

이 과정을 모두 지켜본 프리드먼은 경제의 흐름이 한눈에 보이는 듯했어요. 그리고 자신이 공부하는 경제학이 얼마나 큰 힘을 가지고 있는지도 깨달았어요.

가난을 이겨 낸 경제학자

프리드먼은 1912년 미국의 뉴욕에서 우크라이나 출신 유대인 이민자의 넷째로 태어났어요. 그리고 그가 열다섯 살이 되던 해에 아버지가 돌아가시는 바람에 옷 수선을 하는 홀어머니와 어렵게 살아야 했어요.

하지만 프리드먼은 똑똑하고 부지런한 학생이었어요. 그러나 가난한 생활 때문에 남들처럼 편하게 학교 공부만 할 수는 없었어요. 대학에 들어가서도 마찬가지였어요. 우수한 성적으로 러트거스 대학의 장학생이 되었지만 생활비를 벌기 위해 식당과 백화점 등에서 여러 가지 일을 해야 했어요.

프리드먼은 1932년 러트거스 대학을 졸업한 뒤 경제학으로 유명한 시카고 대학과 콜롬비아 대학에서 공부를 계속했고 특히 대공황 시기에 시카고 대학에서 공부한 것이 프리드먼에게 큰 영향을 주었어요. 당시 시카고 대학의 경제학자들은 자유 시장을 주장하는 애덤 스미스의 사상을 따르고 있었어요.

어려운 환경 속에서도 열심히 공부한 프리드먼은 1937년에 경제 전문가로 국립 자원 심의회 전문 위원이 되었고, 1941년에는 미국 재무부의 세제 위원장이 되었어요. 또 1943년부터는 컬럼비아 대학의 전쟁 통계 연구부에서 일하며 박사 학위를 받았어요. 그리고 1946년부터 시카고 대학에서 경제학 강의를 시작했어요.

어려서부터 경제적인 어려움을 겪고 자란 프리드먼은 자신이 익힌 경제학이 이왕이면 모든 사람이 잘사는 데 도움이 되었으면 좋겠다고 생각했어요. 그러기 위해 누구보다도 열심히

세상에 공짜 점심은 없다

밀턴 프리드먼은 "세상에 공짜 점심은 없다"는 말을 자주 했어요. '공짜 점심'은 19세기 말 미국 남부에서 점심 때 술 한 잔을 시키면 술값보다 비싼 음식을 공짜로 주었던 데서 시작되었어요. 많은 사람이 공짜 점심을 이용했지만 여기에는 가게 주인의 속셈이 숨어 있었어요. 사람들은 대부분 공짜 점심을 먹으려고 가게를 자주 찾아 단골이 되었고, 술을 더 시켜 점심값보다 비싼 돈을 냈기 때문이에요. "세상에 공짜 점심은 없다"는 말은 지금 당장은 공짜인 것처럼 보여도, 결국에는 반드시 대가를 치러야 한다는 의미예요. 시간과 자원이 무한하지 않기 때문에 어떤 것을 얻기 위해서는 그 대가로 다른 어떤 것을 포기해야 한다는 '기회비용'의 원리에 대해 잘 설명하는 말이에요.

미국 뉴저지 주의 러트거스 대학 학생회관

경제를 연구했어요.

프리드먼의 연구에는 지금까지의 경제학 이론을 뒤집어 놓는 파격적이고 새로운 것들이 많았어요. 그래서 프리드먼을 '부둣가의 뱀장어'라고 불렀어요. 이는 부둣가에 잡아 놓은 물고기들 사이를 뱀장어가 비집고 돌아다니면서 죽어 가는 고기들을 깨워 놓는 것에 비유한 말이에요.

존 케인스의 이론을 비판한 밀턴 프리드먼

케인스가 대공황으로부터 자본주의를 구해낸 이후 세계 경제는 번영을 누렸어요. 실업자는 줄어들었고 국민 소득은 늘어났어요. 물가 또한 안정되었어요. 사람들은 케인스의 충고에 따라 불경기가 다시 찾아와도 충분히 이겨 낼 대책을 마련해 두었기 때문에 사회는 안정적이었고 지속적으로 발전하였어요.

그런데 1960년대 후반, 자본주의 경제에 또 하나의 문제가 생겼어요. 물가가 계속 오르기 시작한 거예요. 대신 돈의 가치는 그만큼 떨어졌어요. 1,000원에 살 수 있었던 물건이 어느새 2,000원, 5,000원으로 비싸져 예전에는 1만 원으로 과자 10개를 살 수 있었다면 이제는 값이 올라 5개밖에 살 수 없게 되었어요.

이렇게 화폐의 가치가 떨어지고 물가가 치솟는 현상을 '인플레이션'이라고 해요. 인플레이션이 일어나면 기업가나 상인들보다는 임금을 받는 노동자들이 더 큰 손해를 입게 돼요. 물가는 계속 오르는데 임금은 그대로이기 때문이에요.

대공황을 이겨 낸 경제학자들은 이제 인플레이션 해결이라는 새로운 숙제를 풀어야 했어요. 케인스의 이론을 받아들인 경제학자들은 '너무 많은 사람이 상품을 사려고 하기 때문에 인플레이션이 발생한다'고 생각했어요. 그래서 정부가 돈을 덜 쓰고 세금을 더 많이 걷으면 사람들이 소비를 줄여서 물가가 내려갈 거라고 보고 정부가 국민으로부

경제가 흔들리는 실업 문제

'실업'이란 능력도 있고 일하고 싶지만 일자리가 없는 상태를 말하고, 실업 상황에 처한 사람을 '실업자'라고 불러요. 그래서 일할 능력이 없는 초등학생이나 일할 생각이 없는 주부는 실업자가 아니에요. 실업자가 늘어나면 나라의 경제에 큰 문제가 돼요. 실업자는 돈을 벌 수 없어서 소비를 하지 못하니 기업이 만든 재화와 서비스를 살 사람이 줄어들어요. 그럼 기업은 또 일할 사람을 구하려 하지 않고, 실업자는 더 늘어나요. 뿐만 아니라 세금을 내는 사람도 줄어들어 정부도 나라를 이끌어 가기 힘들어져요. 그래서 사회 전체적으로 실업자가 늘어나는 것을 '실업 문제'라고 부르며 중요하게 여겨요.

터 돈을 많이 걷고 적게 써야 한다고 주장했어요.

하지만 현실은 그렇지 않았어요. 공장은 가동을 멈추고 실업자는 늘어만 가는데 물가는 계속 올라갔어요. 이러한 현상을 두고 경기 침체를 의미하는 '스태그네이션'과 물가가 오르는 '인플레이션'을 합쳐서 '스태그플레이션'이라고 해요. 스태그플레이션은 인플레이션과 불황이 동시에 나타나는 골치 아픈 상황이에요.

스태그플레이션은 이전에 보지 못한 새로운 사태였기에 물가를 내리기 위해 정부 지출을 줄이자니 실업자가 늘어날 것

1837년 미국의 실업 문제를 다룬 포스터

같고, 실업자를 줄이기 위해 정부 지출을 늘리자니 물가가 올라갈 것 같았어요. 결국 이러지도 저러지도 못한 상황이 되고 말았어요.

그제야 '혹시 케인스가 틀린 것 아닐까?' 하는 사람들이 나타나기 시작했어요. 그중 한 사람이 바로 프리드먼이었어요.

그 당시는 전 세계적으로 케인스의 수정 자본주의가 지지를 받던 시대였어요. 모두가 공황을 해결한 케인스를 칭송했어요. 하지만 프리드먼은 케인스의 이론을 무작정 받아들이지 않았어요. 시카고 대학의 교수가 된 그는 좀 더 현실에 접근해서 케인스의 이론을 살펴보기 시작했어요.

'공황은 상품을 사려는 사람이 없어서 생겨난다고? 소득이 줄어들어서 상품을 살 수 없으니, 소득이 늘면 다시 상품을 살 거라고? 과연 그럴까?'

정부는 시장에 너무 나서지 마라

프리드먼은 사람들이 당장 수중에 돈이 생긴다고 해도 곧바로 소비를 하지 않는다는 사실을 눈여겨보고 한 가지 사실을 깨달았어요. 사람들은 내일 무슨 일이 일어날지 몰라 내일 얼

경제 대공황 때 실업자들이 배급을 위해 줄서 있는 모습

마나 돈을 벌 수 있을까를 생각하여 미리 대비하면서 돈을 쓰게 된다는 것이었어요.

　여기에서 프리드먼은 불황과 공황을 극복하기 위한 케인스의 방법이 옳은 방법만은 아니라고 여기게 되었어요. 경제가 조금 어렵다고 해서 정부가 시시콜콜 간섭을 하면 오히려 경제를 망칠 수도 있다는 것이 프리드먼의 생각이었어요. 오히려 정부가 나서서 댐을 만들고 도로를 건설하면, 반대로 그만큼 기업이 해야 할 일이 줄어든다고 보았어요. 게다가 정부가 필요한 예산을 마련하느라 은행에서 돈을 많이 빌리면 은행 이자도 올라가게 돼요.

　프리드먼은 경제에 너무 간섭을 하는 정부는 '샤워실의 바보'가 될 수 있다고 충고했어요. 프리드먼이 비유한 샤워실의 바보에 대한 이야기는 다음과 같아요.

샤워 꼭지를 파란 표시가 있는 오른쪽으로 돌리면 찬물이, 빨간 표시가 있는 왼쪽으로 돌리면 따뜻한 물이 나와요. 보통 맨 처음 샤워 꼭지를 틀면 찬물이 나오게 마련이에요. 물론 조금만 기다리면 물은 적당한 온도까지 올라가게 돼요. 하지만 바보는 그걸 몰라요. 그래서 샤워 꼭지를 틀자마자 "앗, 차가워!" 하며 따뜻한 물이 나오도록 꼭지를 최대한 왼쪽으로 돌려요. 그러면 이번에는 뜨거운 물이 쏟아져 나와요. 바보는 다시 "앗, 뜨거워!" 하며 가장 차가운 오른쪽으로 꼭지를 돌려요. 결국 바보는 따뜻한 물을 쓰지도 못하고 꼭지를 왼쪽과 오른쪽으로 계속해서 돌리게 돼요. "앗, 차가워! 앗, 뜨거워!"를 반복하면서 말이에요.

샤워실의 바보는 바로 프리드먼이 시장에 지나치게 관여하는 정부를 비유한 거예요. 경제가 조금 어려워진다고 곧바로 정부가 나서서 이러쿵저러쿵 간섭을 하다 보면 오히려 경제를 망치게 된다는 경고라고 할 수 있어요.

프리드먼은 정부가 지출한 만큼 민간의 투자나 소득을 밀어내기 때문에 효과가 별로 없다고 결론짓고, 공황이 발생하는 또 다른 원인을 찾아 나섰어요.

통화량을 조절하라

프리드먼은 1929년에 대공황이 일어난 것은 주식 거래가 많아지자 연방 준비 은행이 통화량을 많이 줄였기 때문이라고 생각했어요. 미국의 연방 준비 은행은 미국의 중앙은행으로 돈을 발행하고 화폐량을 조절해서 나라의 금융 정책을 시행하는 역할을 하는 은행이에요.

공황이 일어난 1929년 당시, 미국의 연방 준비 은행은 주식 투자가 너무 심해지는 것을 걱정해 시중의 돈을 거두어들였어요. 그 결과 통화량이 줄자 시중 은행들은 돈이 없어서 문을 닫게 되었어요. 사람들은 애써 저축한 돈을 모두 잃어버리게 되었어요. 프리드먼은 그 충격이 계속 번져 나가 대공황으로 이어졌다고 생각했어요.

쓰고 있는 돈의 양, 통화량

'통화'는 나라 안에서 실제로 쓰고 있는 돈이란 뜻이고, '통화량'은 통화의 양이란 뜻이에요. 다시 말해, 통화량은 금융 기관이 가진 돈을 제외하고 시중에 쓰이고 있는 돈의 양을 일컫는 거예요. 통화량은 물가와 이자율 등 경제에 매우 직접적인 영향을 미치는데, 통화량이 너무 많으면 물가가 오르고 이자율은 낮아져서 사람들이 저축을 하지 않아요. 그래서 인플레이션이 일어나요. 반면, 통화량이 너무 적으면 이자율이 높아져 사람들은 생산과 소비를 줄이고 너나할 것 없이 저축하여 경제 활동이 위축돼요. 그래서 경제를 안정적으로 발전시키기 위해서는 통화량을 적절히 조절하여야 해요.

케인스주의자들은 실업이 줄어들면 물가나 임금이 오르고, 실업이 늘어나면 물가나 임금이 내린다고 했어요.

하지만 프리드먼은 다르게 생각했어요. 실업을 줄이려고 욕심을 부리다간 물가만 오른 채 실업은 또다시 늘고 말 거라고 여겼어요.

미국 워싱턴 D. C.의 연방 준비 은행

그래서 프리드먼은 어느 정도의 실업은 어쩔 수 없다고 보았어요. 오히려 정부가 실업자들을 억지로 줄이려고 하다간 물가 상승만 부채질하게 된다고 판단했어요.

정부가 실업을 줄이기 위해 예산을 많이 지출하면 그만큼 시중에 돈이 많아지면서 통화량도 늘어나 물가도 오를 거예요. 하지만 처음에 노동자들은 물가가 오를 줄 모르기 때문에 임금을 많이 올려 달라고 하지 않아요. 그래서 많은 실업자가 일자리를 가질 수 있어요.

하지만 물가가 오른 만큼 임금도 올라야 한다는 걸 깨달은 노동자들은 물가가 오른 만큼 임금도 올려 달라고 할 거예요.

임금이 오른 만큼 다시 물가는 올라가고, 물가가 올라가면 노동자들은 또다시 임금을 올려 달라고 할 거고요. 그러면 기업은 노동자들의 임금을 감당하기 어려워서 노동자 수를 줄이려고 할 테고, 결국 실업자 수는 원래대로 돌아간다는 거예요.

프리드먼이 내놓은 대공황 탈출의 해결책은 통화량을 조절하는 것이었어요. 시중에 돈이 많이 풀리면 은행 이자율이 낮아져 기업의 투자나 소비가 활발해질 테니까, 통화량을 조절하는 것은 정부 지출을 늘리는 것보다 더 효과적으로 불황을 이길 수 있다는 이론이에요. 여기서 중요한 것은 정부는 나서지 말고 지켜보고만 있어야 한다는 것이었어요. 그만큼 프리드먼은 정부의 역할을 믿지 않았어요. 정부는 경제가 고장 나는 걸 나중에야 알아차리고 뒤늦게 통화량을 조절한다고 보았어요. 결국 경제만 더 망가뜨리고 말 거란 이야기예요. 프리드먼은 정부가 통화

우리나라의 중앙은행, 한국은행

은행의 중심이 되는 은행을 '중앙은행'이라고 불러요. 중앙은행은 보통 각 나라마다 하나씩 있어요. 중앙은행은 나라에 필요한 돈을 만들고 외국 돈을 우리나라 돈으로 교환해 줘요. 또한 기타 은행들은 중앙은행에서 빌린 돈으로 기업이나 개인에게 빌려 주고 이자를 받지만 중앙은행은 기타 은행들에게 돈을 빌려 주고 이자를 받아요. 그리고 정부가 국민으로부터 걷은 세금을 예금하고 필요할 때 찾아 사용하거나 정부가 돈이 부족할 때 중앙은행에서 빌리기도 해요. 우리나라의 중앙은행은 '한국은행'이에요. 우리나라에서 처음 한국은행이 세워진 것은 1909년 11월이고, 오늘날의 한국은행은 1950년에 새롭게 세워졌어요. 한국은행은 우리나라의 돈을 발행할 수 있는 유일한 곳으로 모든 화폐에는 '한국은행'이라는 글자가 새겨져 있어요.

량을 고무줄처럼 늘였다 줄였다 하기보다는 매년 조금씩 꾸준히 늘여 가야 경제가 안정된다고 생각했어요.

프리드먼은 이러한 자신의 생각을 정리해서 1963년 『미국 통화의 역사』라는 책을 내놓았어요.

프리드먼을 따르는 시카고학파

프리드먼의 이 같은 주장은 한동안 받아들여지지 않았어요. 그러다 1980년대 미국은 다시 공황을 맞았어요. 이때 미국 정부는 케인스의 이론만으로 공황을 해결할 수 없다는 것을 깨달아 프리드먼의 주장 중 일부를 받아들였어요.

미국 정부는 통화량을 점차 줄여 나갔어요. 그 결과 1980년에 12퍼센트에 이르던 물가 상승률은 불과 2년 만에 4퍼센트로 떨어졌어요. 이렇게 물가는 안정되었지만 또 다른 문제가 생겼어요. 생산이 감소하고 실업률이 높아진 거예요. 프리드먼이 경고했던 '샤워실의 바보'가 현실로 드러난 것이었어요. 일이 이렇게 되자 미국 정부는 프리드먼의 주장을 모두 받아들여 중앙은행은 이자율과 함께 화폐 공급량을 조절하기 시작했어요.

이런 과정을 거쳐 경제는 안정이 되었지만 낮은 성장률에 실망하는 사람도 많았어요. 그래서 다시 케인스의 '정부 지출 확대'에 관심을 갖는 사람들이 생겨났어요.

한편, 시카고 대학을 중심으로 한 학자들은 프리드먼의 이론을 지지하고 나섰어요. 이들을 '시카고학파' 혹은 경제에서 화폐의 흐름을 가장 중요하게 여긴다고 해서 '통화주의'라고 불러요. 이후 오늘날까지 자본주의 경제학의 두 가지 흐름은 케인스를 중심으로 한 개입주의와 프리드먼을 중심으로 한 통화주의로 형성되어 있어요. 통화주의자들은 케인스의 이론이 지나친 국가의 개입을 주장해서 자유 시장 경제를 혼란에 빠트린다고 비판하고, 개입주의자들은 통화주의를 '사회 복지 지출을 반대하는 부자들만의 경제학'이라고 비판해요. 이 두 학파는 서로의 주장을 굽히지 않고 있어요.

가난 속에서도 자신의 꿈을 잃지 않았던 프리드먼은 그동안 경제학에 대한 많은 공헌을 인정받아 1976년 노벨 경제학상을 받았어요. 그 후 2006년 세상을 떠날 때까지 그는 결코 자만하지 않고 경제학을 연구하고 학생들을 열심히 가르치며 경제학자의 본보기를 보여 주었어요.

밀턴 프리드먼 | 1912년에 미국에서 태어난 경제학자 밀턴 프리드먼은 러트거스 대학, 시카고 대학, 컬럼비아 대학에서 공부하였어요. 그리고 1946년에 시카고 대학의 강사를 시작으로 1948년에는 정식 교수가 되어 1976년까지 있다가 스탠퍼드 대학으로 옮겨 갔어요. 한편 경제학 전문가로서 국가를 위하여 일하기도 하였어요. 그의 대표작으로는 『소비의 경제 이론-소비 함수』, 『미국 통화의 역사』 등이 있고, 1976년에는 노벨 경제학상을 받았어요.

프랑코 모딜리아니
Franco Modigliani, 1918~2003
소비와 저축에 관한 답을 찾다

🍪 우연히 경제학 공부를 시작한 소년

제2차 세계 대전이 일어나기 전 어느 날 오후, 이탈리아 로마 대학의 게시판에 공지가 나붙었어요. 공지의 내용은 대학생들을 대상으로 하는 경제학 논문 대회가 열린다는 것이었어요. 당시에는 다양한 학문 분야를 중심으로 논문 대회가 종종 열리곤 했어요.

"이번에는 경제학이네."

"뭐? 경제학?"

웅성거림 속에서 '경제학'이라는 말에 프랑코 모딜리아니라는 학생이 게시판으로 달려왔어요. 그리고 공지를 꼼꼼히 읽기 시작했어요.

"경제학이란 말이지……."

"모딜리아니, 넌 법학과 학생이잖아. 그런데 무슨 경제학이야?"

"요즘 경제학 책을 좀 읽고 있거든. 이거 한번 나가 봐야겠어."

사실 법학과 학생이었던 모딜리아니는 학비를 벌기 위해 독일어로 된 논문을 이탈리아어로 번역하는 일을 했었어요. 그가 번역한 수십 편의 논문 중 경제

프랑코 모딜리아니

학 논문도 꽤 있었어요. 그래서인지 경제학 논문 대회에 자신이 생겼어요.

얼마 후, 정말 경제학 논문 대회에 참가한 모딜리아니는 1등을 차지했어요.

"내가 경제학에 소질이 있나 본데?"

모딜리아니는 그 후 법학을 포기하고 경제학 공부에 매달리기 시작했어요. 경제학은 공부하면 할수록 재미있는 분야였어요. 그래서 모딜리아니는 경제학자가 되어 세상에 보람된 일을 하고 싶다는 마음을 먹게 되었어요. 이렇게 경제학 공부를 시작한 모딜리아니는 1985년에 노벨 경제학상을 받았어요.

밤낮으로 경제학 공부를 한 프랑코 모딜리아니

모딜리아니는 1918년에 이탈리아 로마에서 유대인 집안의 아들로 태어났어요. 자랄 때 별다른 꿈이 없었던 모딜리아니는 대학도 그저 당시 가장 인기 있는 학과라는 이유로 법학과에 들어갔어요. 그러다 경제학 논문 대회를 거쳐 경제학 공부를 시작하게 되었어요.

1939년, 모딜리아니가 경제학으로 학사 학위를 받고 대학을 졸업하던 무렵이었어요. 당시 이탈리아에는 제2차 세계 대전이 일어날 듯한 전쟁의 기운이 감돌았고, 정치가 무솔리니의 유대인 탄압 정책도 점점 심해 갔어요. 그래서 유대인이었던 모딜리아니는 더 이상 이탈리아에 남아 있을 수 없었어요. 결국 모딜리아니는 제2차 세계 대전 발발 직전 프랑스를 거쳐 미국으로 이민을 떠났어요.

무솔리니

미국에서 모딜리아니의 생활은 평탄하지 않았어요. 아는 사람도 한 명 없는 데다, 가진 돈도 얼마 되지 않았기 때문이었어요. 게다가 영어도 그리 잘하지 못했어요. 그렇지만 미국 뉴욕의 뉴스쿨 대학에서 장학금을 받고 공부할 기회가 왔어요. 그래서 모딜리아니는 낮에는 책을 팔고 밤에는 대학에서 경제학 공부를 했어요. 그리고 책을 파는 틈틈이 경제학자들의 책을 읽으며 공부를 손에서 놓지 않았어요.

프랑코 모딜리아니 **117**

경제에 영향을 주는 금리

빌려 준 돈이나 은행에 예금한 돈에 붙는 이자나 그 비율을 '금리'라고 불러요. 예를 들어 100만 원을 빌려 주고 이자를 10만 원을 받으면 금리는 10퍼센트가 돼요. 금리가 높으면 돈을 빌려 쓴 후 이자를 많이 내야 하는 것이고, 금리가 낮으면 이자를 조금 내는 거예요. 그래서 금리가 높아지면 예전보다 사람들이 돈을 적게 빌려 가게 되어 돈을 많이 쓰지 않아서 기업의 투자도 줄어들어요. 반면 금리가 낮아지면 돈을 많이 빌려 가고 많이 써서 기업의 투자도 늘어나요. 이렇게 금리는 오르락내리락하며 경제에 영향을 줘요.

프랑코 모딜리아니의 라이프 사이클 가설

어느 날, 모딜리아니는 케인스의 경제학 책을 읽고 있었어요. 그는 케인스의 경제 이론에 큰 흥미를 느꼈어요. 특히 케인스의 이론을 지지하는 케인스학파의 주장이 매우 흥미로웠어요. 그들은 돈을 많이 벌면 저축도 많이 한다는 주장을 하고 있었어요.

'사람들은 왜 저축을 하는 걸까? 그리고 과연 돈을 많이 벌면 벌수록 저축의 양도 늘어날까?'

모딜리아니는 케인스의 이론을 받아들여 특히 소비 이론에 대해 많은 연구를 했어요. 그중에서도 일상생활과 관련이 깊은 소비와 저축 등을 주로 연구했어요.

모딜리아니는 1954년에 '라이프 사이클 가설'을 발표했어요. 이 이론은 사람들의 소비와 저축 형태를 관찰한 데서 나온 결과였어요. 우리말로는 '인생 주기 가설' 혹은 '생애 주기 가설'이라고도 해요.

라이프 사이클 가설은 대부분의 사람들은 항상 인생의 남은 기간을 생각하며 소비와 저축을 한다는 주장이에요. 또한 수입이 많은 사람은 나이가 들었을 때를 대비해 소비를 줄여 저축을 많이 하려고 하지만, 수입이 적은 사람은 오히려 저축보다 소비를 더 많이 한다고 보았어요.

이 이론의 밑바탕에는 케인스의 이론 중 하나인 '소득의 크기가 소비와 저축을 결정한다'는 주장이 깔려 있어요. 사람들의 소비는 평생 일정하거나 나이가 들수록 서서히 증가하는데, 돈은 중년에 가장 많이 벌고, 어린 유년기나 나이가 든 노년기에는 돈을 벌기가 점점 어려워져요. 그래서 저축을 하는 것도 수입이 많을 때 가장 많고, 유년기와 노년기에는 저축하지 않거나 저축한 돈을 쓰며 생활하게 된다는 거예요.

> **소득과 식료품값의 관계, 엥겔의 법칙**
>
> 독일의 통계학자인 엥겔은 1857년에 벨기에의 노동자 가정을 조사하면서 새로운 법칙을 발견했어요. 소득이 적은 가정일수록 식료품을 사는 데 쓰는 소비 비율이 높고, 소득이 많은 가정일수록 식료품을 사는 데 쓰는 소비 비율이 낮았던 거예요. 한 가정의 소비는 크게 식료품값, 옷값, 집값, 전기세와 수도세의 다섯 가지로 나눌 수 있어요. 그중 식료품값은 수입과 관계없이 꼭 쓰는 돈이에요. 바로 여기에서 엥겔의 법칙이 나왔는데 식료품비가 가정의 총 소비량에서 차지하는 비율은 돈을 많이 벌수록 줄어들고 적게 벌수록 늘어난다는 거예요. 그리고 이것을 수치로 표현한 것을 '엥겔 계수'라고 해요.

라이프 사이클 가설은 여러 면에서 이전까지의 소비와 저축에 대한 생각을 뒤엎는 것이었어요. 이전까지는 돈을 많이 벌

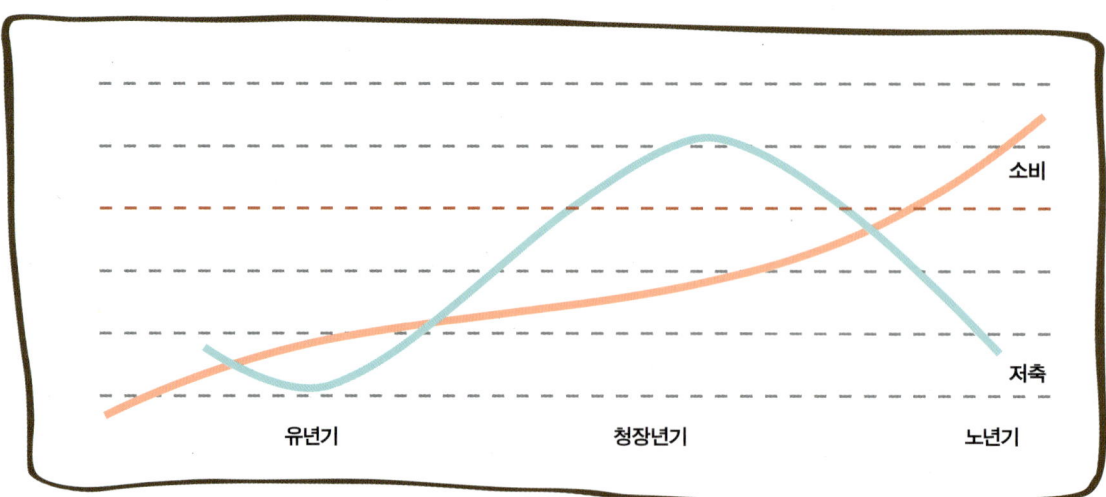

라이프 사이클 가설을 나타낸 그래프

면 저축보다 소비를 많이 할 거라고 생각했고, 저축을 하는 이유도 자손에게 물려주기 위한 것이라고 보았어요. 하지만 모딜리아니의 라이프 사이클 가설은 돈을 많이 벌수록 저축을 많이 하고, 젊었을 때 사람들이 저축을 하는 것은 자손에게 물려주기 위해서가 아니라 노후에 자신이 소비하기 위한 준비라는 주장이에요.

모딜리아니의 라이프 사이클 가설은 경제학계에서 이전까지 설명하지 못했던 여러 현상들을 설명해 주는 계기가 되었어요.

기업의 가치에 대해 연구하다

모딜리아니는 경제학자 머튼 밀러와 함께 기업의 주식이 가지는 가치에 대한 연구도 했어요. 그 결과 1958년에 발표한 이론이 '모딜리아니-밀러 정리'예요.

모딜리아니-밀러 정리는 기업의 주식 가치는 그 기업이 자본을 많이 가지고 있는지 적게 가지고 있는지와는 상관이 없다는 주장으로 예를 들면 다음과 같아요.

마시멜로의 유혹

1966년 스탠포드 대학의 교수가 유아원 아이들을 대상으로 한 가지 실험을 했어요. 아이들에게 마시멜로를 주면서 지금 당장 먹겠다면 한 개를, 15분 후 먹겠다면 두 개를 주겠다고 한 거예요. 대부분의 아이들이 처음에는 참아 보려 했지만 달콤한 마시멜로의 유혹에 넘어가 30초도 못 버티고 하나만 먹었어요. 15분을 기다려 두 개를 먹은 아이들은 30퍼센트뿐이었어요. 그로부터 15년이 지난 후 마시멜로 실험에 참가했던 아이들 중 두 개의 마시멜로를 먹은 아이들이 대체로 더 성적이 좋았어요. 여기에서 인내심을 가지고 지금 당장의 만족을 미루어 저축하면 나중에 더 큰 만족을 누릴 수 있다는 '마시멜로 법칙'이 나왔어요.

과자를 만드는 회사가 있어요. 과자를 만들기 위해서는 밀가루, 소금, 설탕 같은 재료가 필요해요. 또 과자를 만드는 기계와 포장하는 기계도 필요하지요. 그런데 과자를 만드는 회사는 재료와 기계를 모두 살 만한 돈이 없었어요. 그래서 은행에서 돈을 빌려 빚을 지고 재료와 기계를 샀어요.

과자는 불티나게 팔렸고, 과자를 만드는 회사는 더 질 좋은 재료

로 과자를 만들고 싶어졌어요. 하지만 그만한 돈이 없어 회사 주식을 사서 투자해 줄 사람들을 모으려고 해요.

이때 사람들은 이 기업에 투자를 할지, 하지 않을지를 결정하기 위해 여러 가지 조사를 하게 돼요. 빚이 있는지도 조사하겠지만 그보다 먼저 앞으로 이 기업이 얼마나 이윤을 남길지에 관한 조사가 가장 우선시된다고 모딜리아니는 주장했어요. 그러니 결국 기업의 가치를 결정하는 것은 앞으로 얼마의 이윤을 남길 수 있느냐는 가능성이라는 거예요.

이 이론은 기업의 자본 상태와 이윤 등을 분석해서 기업을 평가하는 분야인 '재무 분석'이라는 분야를 만들어 냈어요. 또한 기업의 정책 결정과 자본 계획을 세우는 데 기초가 되었어요.

여러 대학을 옮겨 가며 강의를 하던 모딜리아니는 1962년, 매사추세츠 공과 대학의 경제학 교수가 되었어요. 이때 그는 매우 열정적인 강의를 해서 많은 학생이 그의 강의에 감동을 받기도 했어요. 그리고 모딜리아니는 1985년 실용적인 경제 분야에 대한 연구의 성과를 인정받아 일흔일곱 살의 나이로 노벨 경제학상을 받았어요. 그는 노벨 경제학상으로 받은 상금 22만 5,000달러를 주식에 투자한 유일한 경제학자로서 세상을 놀라게 했어요.

이렇게 노벨 경제학상을 받고 매사추세츠 공과 대학에서 학생들을 가르치던 그는 2003년에 세상을 떠났어요. 그렇지만 자신의 조국 이탈리아를 잊은 적이 없어서 이탈리아 경제에 대한 논문을 이탈리아어로도 많이 남겼어요. 이제 더 이상 그는 세상에 없지만 그가 남긴 앞선 경제학 이론은 여전히 경제학자들에게 많은 연구거리를 주고 있어요.

주주에게 주는 이익, 배당금

'배당'이란 일정한 기준에 따라 나누어 주는 것을 말해요. 경제학에서 배당이라는 말은 주식회사가 회사를 경영해서 얻은 이윤을 주식을 샀던 사람들, 즉 주주들에게 나누어 주는 것을 가리켜요. 배당금은 주식을 많이 산 사람일수록 많이 가져가게 돼요. 그리고 주식회사는 회사를 잘 경영하여 이윤을 많이 남겨 배당금을 최대한 많이 주려고 노력해요. 배당금을 많이 주면, 다른 사람들도 그 주식회사의 주식을 사려고 해서 회사는 더 많은 돈으로 기술을 개발하고 회사를 운영할 수 있기 때문이에요.

프랑코 모딜리아니 | 1918년 이탈리아에서 태어난 경제학자 모딜리아니는 로마 대학에서 법률을 공부하였고, 제2차 세계 대전이 발발하기 직전 미국으로 망명하여 뉴스쿨 대학에서 경제학을 공부하였어요. 1944년 박사 학위를 받고 나서 일리노이 대학, 노스웨스턴 대학 등에서 강의를 하다 1962년부터 2003년 세상을 떠날 때까지 줄곧 매사추세츠 공과 대학에서 경제학과 교수로 강의하였어요. 그는 소비 이론 중 하나인 '라이프 사이클 가설'와 현대 재무 이론의 출발점을 여는 '모딜리아니-밀러 정리'를 발표하여 1985년 노벨 경제학상을 받았어요.

아마르티아 센

Amartya Sen, 1933~

경제학에도 양심은 있다

🍪 대기근을 목격한 소년

제2차 세계 대전이 진행 중이던 1943년의 어느 날이었어요. 아마르티아 센이 다니는 타고르 학교에 남루한 차림의 한 사내가 잔뜩 지친 데다 넋이 나간 표정으로 들어왔어요. 사내는 연신 뭐라 중얼거리고 있었지만 도통 말을 알아들을 수 없었어요.

"뭐야? 정신 나간 사람인가?"

"그러게. 거지꼴을 하고 있잖아."

몇몇 학생들은 수군거리며 자리를 피했지만 몇몇 학생들은 사내의 꼴을 보다 못해 그를 도우려고 했어요. 그중에는 센도 있었어요.

"아저씨, 지금 뭐라고 하시는 거예요? 좀 더 천천히 말씀해 보세요."

한참 후에야 센은 사내가 하는 말을 알아들을 수 있었어요. 사내는 40일 동안 아무것도 먹지 못했다는 말을 하고 있었어요. 그사이 학교 안으로 여러 명의 여자와 아이들도 따라 들어왔어요. 깜짝 놀란 센이 학교 밖을 바라보자, 그곳에는 수백 명, 수천 명의 사람들이 지나가고 있었어요.

아마르티아 센

극심한 빈부 격차를 보여 주는 필리핀의 모습

알고 보니 그들은 모두 굶주림을 피해 먹을 것을 찾아 150킬로미터나 떨어진 캘커타로 가는 행렬이었어요. 그 모습을 본 센은 큰 충격을 받았어요.

당시 인도의 벵골 지방에는 큰 흉년이 들어 300만 명이나 되는 사람들이 굶어 죽었고, 살아남은 사람들도 병에 걸렸어요. 도시는 어느새 굶주림에 지친 사람들과 아픈 사람, 죽어 가는 사람들로 넘쳐 났어요.

'도대체 왜 우리나라에선 이렇게 엄청난 수의 사람들이 굶어 죽는 것일까?'

어린 센은 도저히 이해가 되지 않았어요. 깊게 고민하던 센은 결심했어요.

"그래, 경제학자가 되어 굶주리는 사람이 없게 하자."

그 후 센은 끊임없이 가난과 굶주림에 대해 생각하며 경제학자의 꿈을 꾸게 되었어요.

빈익빈 부익부

경제학뿐만 아니라 일상생활에서 흔히 쓰는 말인 '빈익빈 부익부'는 가난할수록 더욱 가난해지고, 부자일수록 더욱 부자가 된다는 의미예요. 이러한 현상을 서로 점점 더 달라지고 멀어진다고 하여 '양극화'라고 불러요. 예를 들어, 부자는 자신이 가진 돈으로 주식이나 부동산 등에 투자를 하여 돈을 더욱 많이 벌게 되지만, 가난한 사람은 당장 생활에 필요한 돈도 없어 은행에서 돈을 빌린 후 이자마저 제때 내지 못하고 신용 불량자가 되어 더욱 가난해지는 경우도 있어요. 이렇게 돈이 많았던 사람은 돈을 더 벌지만 돈이 없던 사람은 돈을 벌기가 점점 더 힘들어져요. 이런 상황이 계속되다 보면 빈부의 차이가 심해질 수밖에 없어요.

 ## 병을 이겨 내고 경제학 연구에 전념한 아마르티아 센

센은 1933년 인도 벵골의 산티니케탄 대학 캠퍼스에서 태어났어요. 그의 아버지는 다카 대학의 화학과 교수였고, 어머니는 작가이자 벵골의 한 문학 잡지 발행인이었어요.

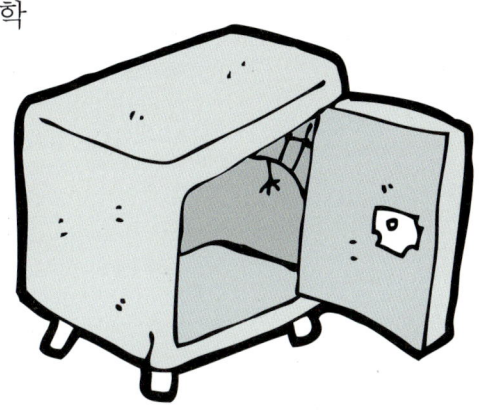

1876~1878년에 일어난 벵골의 기근 때 구호를 기다리는 원주민들의 모습

센은 부유한 가정에서 굶주림에 대한 고통을 모르고 자라 좋은 학교도 다닐 수 있었어요. 센은 타고르 학교를 다니며 아시아 문화뿐만 아니라 서양과 아프리카의 문화도 배웠어요. 그래서인지 센은 자신과 다른 생각을 가지고 있는 사람들을 싫어하지 않았어요. 센을 가르쳤던 선생님은 센에게 자주 이런 말을 했어요.

"너는 성적도 좋은 데다 진정한 사상가로구나."

센은 다양한 방면에 관심이 많아서 산스크리트어, 물리학, 수학 등을 열심히 배웠고 교수가 되기를 바랐어요. 그러다 센은 타고르 학교에서 1943년 제2차 세계 대전 중에 센이 사는 벵골 지방에 큰 흉년이 들어 많은 사람이 굶어 죽는 모습을 목격한 거예요. 그 뒤로 센은 경제학자가 되어 인도를 가난한 사람이 없는 나라로 만들어야겠다고 결심했어요. 그래서 경제학을 공부하기로 마음먹고 대학에서 수학과 경제학을 전공했어요.

1951년, 센이 열여덟 살이 되었을 때 그는 구강암에 걸려 여러 달 동안 음식조차 씹을 수 없는 상태가 되었어요. 의사들은 그가 살아나기 힘들 것이라 했지만 센은 암을 극복해냈어요. 그리고 그해 인도를 떠나 1959년 영국 케임브리지 대학에서 경제학 박사 학위를 받았어요. 그사이 그는 매우 뛰어난 학생으로 1954년에는 애덤 스미스상, 1955년에는 렌베리 장학금, 1956년에는 스티븐슨상을 받았어요.

사회 선택 이론

1963년 센은 케임브리지 대학을 떠나 인도로 돌아갔어요. 이곳에서 그는 델리 대학의 경제학 교수로 활동하며 인도의 경제학자 라즈와 함께 인도 경제학과 사회학의 요람인 '델리 경제 대학원'을 세웠어요.

센은 경제학이 경제뿐만 아니라 사회, 도덕 등 세계의 다양한 특성을 더 잘 이해하기 위해 존재한다고 믿었어요. 그래서 그는 '사회 선택 이론'에 대해 연

인도 델리에 있는 델리 대학

죄수의 딜레마

'딜레마'란 두 가지 중 하나를 선택해야 할 때, 어느 쪽을 선택해도 바람직하지 못한 결과가 나오는 상황을 뜻해요. '죄수의 딜레마'는 궁지에 몰린 두 죄수의 이야기로, 경제학에서는 합리적인 최선의 선택을 했지만 최악의 결과가 도출되는 이론이에요.

두 은행 강도가 체포되어 경찰이 둘을 따로 심문해 자백을 받으려고 해요. 이때 만약 두 강도가 서로를 배신하지 않고 아무 말도 하지 않는다면 둘 다 1년 동안 감옥에 가게 돼요. 하지만 둘 중 한 명이 배신하면 그 사람은 풀려나고 다른 한 사람은 3년 동안 감옥에 가고, 둘 다 배신하면 모두 2년 동안 감옥에 가게 돼요. 가장 최선의 선택은 둘 다 입을 열지 않는 것이지만 서로를 믿지 못해 결국 손해를 보는 거예요.

구했어요.

'사회 선택 이론'이란 사람마다 의견이 다를 때, 이 모든 의견을 존중하면서도 사회 전체의 이익을 높일 수 있는 방법을 연구하는 학문이에요. 사회의 구성원인 한 사람 한 사람이 모두 합리적으로 의견을 결정하더라도 사회 전체에서 봤을 때는 그 결정들이 합리적이지 않거나 손해를 줄 수도 있기 때문이에요.

예를 들어 보면 다음과 같아요.

방학이 끝나고 새 학기가 시작되어 민우 반에서 반장 선거를 하기로 했어요. 반 친구들은 모두 10명이고, 반장 후보로 나올 친구들은 민우와 철수, 영호 이렇게 3명이에요.

만약 민우와 철수만 반장 후보로 나온다면, 반 친구 중 7명이 민우가 더 반장 역할을 잘할 거라고 생각했어요. 그런데, 철수와 영호가 나오면 6명이 철수가 영호보다 반장 역할을 잘할 거라고 생각했어요.

그럼, 만약 민우와 영호만 반장 후보로 나온다면 어떻게 될까요? 민우는 반 친구들이 영호보다 더 반장 역할을 잘 할 거라던 철수를 앞질렀었어요. 그러니 민우와 영호가 반장 후보로 나온다면 반장 역할을 제일 잘 할 거라고 생각한 민우가 당연히 반장이 될까요? 하지만 오히려 제일 반장 역할에 맞지 않다고 생각한 영호가 반장이 될 수도 있어요.

이론적으로 생각하면 반장 역할에 제일 맞지 않는다고 생각한 영호가 반장이 될 수는 없어요. 하지만 실제 사회에서는 이런 일이 벌어지는 경우가 분명히 생겨나요. 학생들은 민우와 철수 중에는 민우가, 철수와 영호 중에는 철수가 반장이 되면 자신에게 이익이 많을 거라 생각하지만 민우와 영호 중에서는 차라리 영호가 반장이 되는 것이 자기에게 이익이 많을 거라 생각할 수도 있기 때문이에요.

이 말은 자유와 권리를 가진 개개인의 사람들이 민주적인 의사 결정 과정으로 얻은 결과가 경제적인 합리성에 꼭 들어맞지 않을 수도 있다는 것을 나타내요. 다시 말하면, 민우와 영호 중 영호가 반장이 되는 것은 개개인의 합리적인 의사 결정의 결과이지만, 민우 반 전체로 보자면 손해가 되는 것일 수도 있다는 거예요.

센은 이러한 사회 선택 이론을 정리하여 1970년 『집단적 선택과 사회 복지』라는 제목으로 책을 냈어요. 이 책을 통해 센은 개인의 자유로운 결정이 곧 국민 경제를 위한 최선의 결정이라며 자유 시장을 지지하는 사람들의 생각이 타당하지 않다고 주장했어요. 하지만 가난하고 소외된 계층의 권리가 묵살되지 않는다면 자유 시장을 지지하는 사람들의 생각에 원칙적으로는 동의했어요.

가난과 굶주림 문제를 바로 보다

이후 센은 다시 런던으로 가서 가난한 나라의 가난 문제를 계급과 소득 분배, 비민주적 정치 체제의 구조적인 문제 등과 연관을 지어 연구했어요. 사실 가난이나 굶주림 등의 문제는 대부분의 경제학자들이 외면해 오던 문제였어요. 이것은 그동안 잘사는 나라에 속하는 유럽과 북아메리카 출신의 경제학자들이 경제학을 이끌어 왔기 때문이에요.

하지만 센은 가난 문제야말로 경제학자들이 반드시 풀어야 할 과제라고 생각했어요. 그래서 가난과 굶주림의 원인을 연구하고 식량 부족 문제를 해결하기 위해 많은 연구를 했어요.

그리고 1981년 센은 『빈곤과 기아: 자격과 박탈에 관한 에세이』라는 책에서 가난과 굶주림에 대한 충격적인 사실을 밝혔어요. 책은 다음과 같이 시작돼요.

"기아는 일부 사람들이 식량을 충분히 갖지 못하면서 발생하는데, 이때 식량 부족의 낌새는 전혀 나타나지 않는다."

다시 말해, 사람들이 굶어 죽는 것이 자연재해로 인해 생기는 식량 부족 때문이 아니라는 거예요. 센의 연구 결과는 빈곤과 기아의 원인에 대한 전통적 생각을 깬 것으로, 한쪽에는 식량이 남아도는데 다른 한쪽에서는 굶어 죽는 사람이 많다는 것은 이해하기 힘든 일이었어요.

배고픈 남쪽과 배부른 북쪽, 남북문제

여기서 '남북문제'란 분단된 우리나라의 남북 문제가 아니라 지구의 남쪽과 북쪽 사이에 나타나는 엄청난 경제적 격차를 가리키는 말이에요. 2009년의 한 보고서에 따르면 60억 인구 가운데 10억 명 이상이 굶주림을 겪고 있다고 해요. 식량이 부족한 국가 대부분은 아프리카, 아시아, 중남미에 있어 지구를 두고 보면 남쪽에 위치하고 있어요. 반면 식량이 남아도는 선진 공업국은 보통 지구의 북쪽에 위치하고 있고 과거에 주로 다른 나라를 식민지로 삼았었다는 공통점이 있어요. 제2차 세계 대전 이후 지구촌 남쪽에 있는 나라 대부분은 독립을 했지만 경제를 발전시켜 나갈 힘이 부족해 서로 힘을 합치고 있어요.

합리적 바보

'합리적 바보'란 아마르티아 센이 한 말이에요. 일단 자신이 이익을 얻는 데에만 집중하는 이기적인 사람을 가리켜요. 이런 사람은 자신의 행동이 합리적이라고 생각하지만 그 결과로 다른 사람들과 사회까지 피해를 입게 돼요. 그리고 한 치 앞을 내다보지 못한 자신 또한 결국 손해를 보는 거예요. 예를 들어, 공장을 운영하는 사장이 있어요. 그런데 공장 노동자들이 임금을 올려 달라고 요구하자, 사장은 노동자들을 내쫓고 임금이 싼 노동자들만 뽑았어요. 그러자 사회에는 실업자들이 늘어 소비를 하는 사람은 줄고 결국은 공장 문을 닫게 되는 거예요. 이런 사람을 '합리적 바보'라고 불러요.

사실 센이 어린 시절 겪었던 1943년 벵골 대기근은 흉년 때문에 일어난 것이 아니었어요. 대기근이 일어난 1943년의 전체 식량 공급량은 기근이 일어나지 않았던 1941년보다 오히려 많았어요. 1943년 대기근이 일어난 것은 제2차 세계 대전 대영국군이 벵골 지방에 머물면서 식량의 수요가 늘어나 도시의 임금과 식료품 가격이 한꺼번에 올랐던 거예요. 하지만 이때 주변 농촌 노동자들의 임금은 오르지 않았고 식료품 가격이 오르자 농촌 노동자들은 식량을 살 돈이 없어 굶주려야 했던 거예요.

센은 이처럼 식량이 부족하지 않은데도 기아가 발생하는 것은 임금이 줄거나 직장을 잃거나 식량의 값이 오르는 등 사회·경제적 이유가 서로 복잡하게 얽혀 있기 때문이라고 주장했어요. 그래서 가난하고 힘없는 사람들만 기아를 겪어야 한다고 말했어요.

🍪 가난과 굶주림을 해결할 방법, 민주주의

　센은 모든 국민이 잘사는 나라를 만들려면 기아와 빈곤이 생기는 여러 원인들을 찾아내어 해결해야 한다고 보았어요. 그래서 기아와 빈곤이 생기는 데 영향을 미치는 여러 이유를 연구했어요. 여기에는 인플레이션이나 실업뿐만 아니라 여성의 지위, 정치 체제 등도 연구 대상이 되었어요.

　그 결과 센은 국가의 부는 기근 발생과 아무 관계가 없으며, 국가가 인간의 자유를 존중하고 인간을 행복하게 해야 하며 경제에도 양심이 있어야 기근이 발생하지 않고 경제가 발전한다는 결론에 도달했어요. 그래서 센은 이렇게 말했어요.

　"표현의 자유를 비롯하여 다양한 자유와 정치적인 권리가 보장될 때 기근을 피하기가 더 수월하다. 그래서 지금까지 역사를 돌이켜 보면 언론의 자유가 이루어진 민주주의 국가는 기근이 발생하지 않았다."

　센은 역사적인 예를 들어 설명했어요.

공산주의 국가인 중국에서 마오쩌둥이 통치하던 시절에 역사상 최악의 기근이 많이 발생했어요. 하지만 민주주의 국가인 인도에서 네루가 이끌던 시절에는 기근이 발생하지 않았어요. 그런데 두 나라 국민의 평균 수명이나 문맹률 같은 지수를 보면 당시 중국의 발전 상태는 오히려 인도를 앞지르고 있었어요.

공산주의 국가에서 독재자들은 기근이 발생해도 자신들이 가난해지거나 권력을 잃는 일은 없어요. 하지만 민주주의 국가에서는 기근이 발생하면 정부도 고통받게 되고 지도자들은 권력을 잃을 수 있어요. 또 민주주의 국가는 언론의 자유가 있어 기근의 원인이 어디에 있는지 지적하여 기근을 해결할 방법을 빨리 찾아 해결할 수 있어요.

그래서 센은 민주주의와 자유가 기근을 예방한다고 했어요. 그리고 정부의 역할은 가난한 계층과 그들이 사는 지역이 더 많은 돈을 벌어들일 수 있도록 도와주는 것이라고 주장했어요.

경제학의 양심, 후생 경제학

센은 가난과 사회적 불평등을 없애기 위해 많은 논문을 발표했고, 그의 연구는 세계 여러 나라 정부와 많은 학자의 생각을 바꾸어 놓았어요. 이렇듯 모든 국민이 잘살 수 있도록 연구하는 경제학의 한 분야를 '후생 경제학'이라고 불러요. 센은 후생 경제학을 연구하는 데 일생을 바쳐 '모든 경제학자의 양심'이라는 별명을 얻게 되었어요.

경제학에는 수학과 통계를 이용해 경제 상태를 알아보는 방법이 많아요. 그중 센은 가난한 사람들의 처지를 제대로 알고 도와주기 위해 '빈곤 지수'를 개발했어요. '빈곤 지수'란 가난한 정도를 측정하는 것으로 사람다운 생활을 위해 필요한 최소한의 소득 수준 이하로 살고 있는 국민의 비율을 수치로 나타낸 거예요. 이것을 알면 국민이 생존에 필요한 최소한의 주택과 옷을 얻는 데 얼마

국민 총생산(GNP)와 국내 총생산(GDP)

한 나라의 경제가 어려운지 어렵지 않은지를 알 수 있는 잣대가 국내 총생산(GDP)이에요. 국내 총생산이란 일정 기간 동안 한 나라 안에서 만들어 낸 모든 재화와 서비스의 합을 뜻하는 말이에요. 다시 말해, 한 나라 안에서의 소비와 투자, 수출을 모두 합한 거예요.

국내 총생산이 국가 영토 안의 경제 활동을 본 것이라면 국민 총생산(GNP)은 국민을 중심으로 경제 활동을 본 거예요. '국민 총생산'이란 일정 기간 동안 국외를 포함해 한 나라의 이름으로 만들어 낸 모든 재화와 서비스의 합을 뜻해요. 예를 들어, 축구 선수 박지성이 영국에서 활동하며 벌어들인 돈은 국내 총생산에는 포함되지 않지만, 국민 총생산에는 포함돼요.

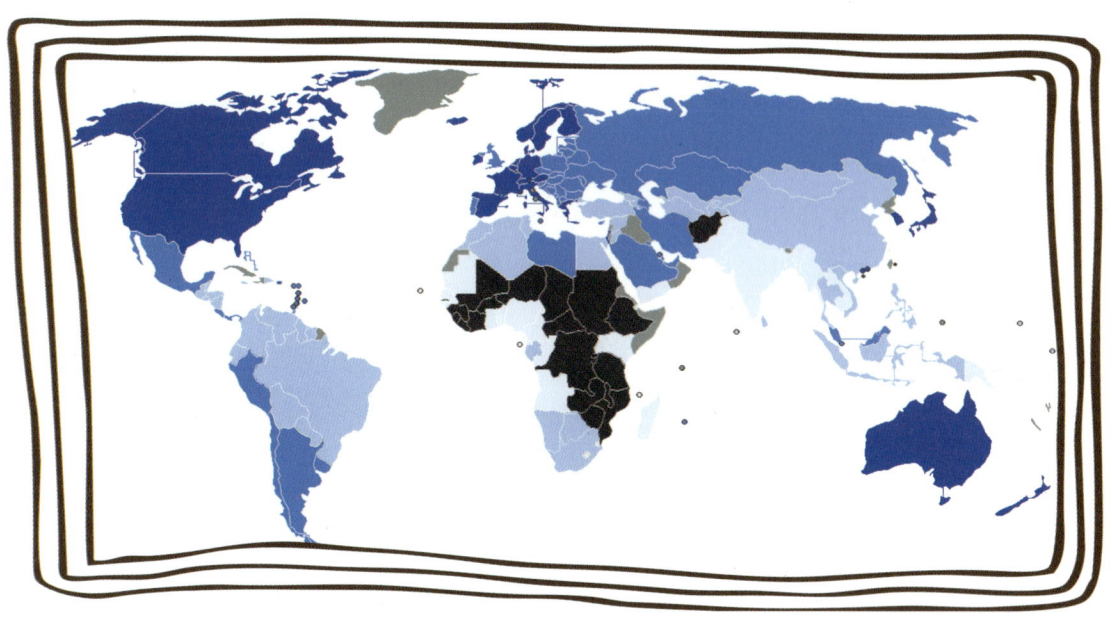

2010년 발표된 인간 개발 지수를 바탕으로 만든 세계 지도. 푸른색일수록 행복 지수가 높고, 검은색일수록 행복 지수가 낮다.

나 벌어야 할지 알 수 있어요.

센의 빈곤 지수에 영향을 받아 1900년대 초에 유엔에서는 '인간 개발 지수'를 개발하였어요. '인간 개발 지수'란 소득과 교육, 빈곤, 실업, 환경, 건강 등 사람들의 생활과 관련된 여러 가지 기본 요소를 기초로 사회에서 느끼는 행복감을 측정하는 거예요. 다시 말해, 일종의 '행복 지수'라고 할 수 있어요.

인간 개발 지수는 오늘날 세계 각 나라의 부유함을 비교하는 데 가장 중요한 척도 중 하나로서 유엔에서 매년 발표하고 있어요.

1998년, 센은 후생 경제학과 사회적 선택 문제에 애쓴 공을 인정받아 아시아인 최초로 노벨 경제학상을 받았어요. 그리고 상금 전부를 소녀들을 교육하는 인도 재단과 방글라데시의 남녀평등을 위해 일하는 재단에 내놓았어요. 그리고 이듬해에는 인도 최고의 훈장인 바라트 라트나를 받았어요.

바라트 라트나 훈장

날카로운 지적 능력과 부드러운 인간성을 가진 센은 지금 하버드 대학에서 경제학 교수로 활동하고 있어요. 센이 그동안 쓴 책으로는 『집단적 선택과 사회 복지』, 『경제적 불평등』, 『불평등의 재검토』 등이 있어요.

아마르티아 센 | 1933년에 인도에서 태어난 경제학자 아마르티아 센은 케임브리지 대학에서 경제학 박사 학위를 받았어요. 그는 어린 시절 대기근을 목격하여 평생 기아와 빈곤 문제에 대한 연구를 하며 미국의 코넬 대학, 영국의 옥스퍼드 대학, 트리니티 대학 등에서 교수로 활동하였고 지금은 하버드 대학에서 경제학 강의를 하고 있어요. 그의 대표작으로는 사회 선택 이론을 설명한 『집단적 선택과 사회 복지』, 빈곤의 원인과 해결책을 제시한 『빈곤과 기아: 자격과 박탈에 관한 에세이』 등이 있으며 1998년 아시아인 최초로 노벨 경제학상을 받았어요.

빌 게이츠
Bill Gates, 1955~

집집마다 컴퓨터를 한 대씩!

컴퓨터에 흠뻑 빠진 소년

1968년의 어느 날이었어요. 미국 시애틀 최고의 명문 사립 학교 레이크 사이드에서 학생들을 위해 학교에 컴퓨터를 들여놓기로 했어요. 시애틀의 학교 중 최초로 컴퓨터를 가지게 된 거예요.

당시만 해도 일반 컴퓨터는 컴퓨터를 만든 회사의 중앙 컴퓨터와 전화선으로 연결되어 있었어요. 그리고 모니터도 없어서 프린터로 결과를 알려 주었어요. 게다가 결과를 받아보는 데에도 시간당 40달러의 요금을 내야 했지만 그 신기함은 이루 말할 수 없었어요.

"세상에, 이런 기계가 다 있어?"

"뭐든 척척 처리하다니! 이거 정말 멋진데?"

학생들은 모두 신기한 컴퓨터에 빠져들었어요. 게임이며 복잡한 계산을 단숨에 해내는 컴퓨터는 당시만 해도 신세계나 다름없었어요. 그중 유독 컴퓨터를 많이 사용한 학생이 두 명 있었는데 바

빌 게이츠

로 빌 게이츠와 폴 알렌이었어요.

"이건 뭐지?"

"컴퓨터 회사에 연락해서 설명서를 달라고 하자."

둘은 컴퓨터를 완벽하게 다루기 위해 모든 열정을 쏟아부었어요. 그 결과 게이츠와 알렌은 컴퓨터 게임을 직접 개발할 정도의 수준이 되었어요.

하지만 이내 둘에게 큰 문제가 닥쳤어요. 이들의 컴퓨터 사용 시간이 너무 길어 학교에서 이용 요금을 내주기 힘들어진 거예요. 결국 학교는 컴퓨터를 학생들에게 개방하지 않기로 결정했어요.

컴퓨터를 사용하지 못하게 되자, 게이츠는 알렌과 다른 몇 명의 친구를 모아 '레이크 사이드 프로그래밍' 그룹을 만들어 컴퓨터 회사로 찾아갔어요.

"컴퓨터 프로그램의 잘못된 점을 찾아 드릴 테니, 저희가 컴퓨터를 마음껏 사용할 수 있게 해 주세요."

컴퓨터 회사 사장은 어린 소년들의 말에 당황했어요. 하지만 뛰어난 컴퓨터 실력을 갖춘 이 학생들에게 컴퓨터를 밤에 마음껏 사용할 수 있게 해 주었어요.

이후 이들의 컴퓨터 실력이 알려지자, 어느 회사에서는 게이츠를 비롯한 학생들에게 직원들의 월급을 컴퓨터로 관리할 수 있는 프로그램을 만들어 달라고 했어요. 석 달 만에 프로그램을 만들어 1만 달러의 수고비를 받고 신이 난 레이크 사이드 프로그래밍 그룹은 'TRAF-O-DATA'라는 회사까지 세웠어요. 그리고 고속도로를 지나가는 자동차의 숫자와 용량을 컴퓨터로 계산해내는 프로그램과 학생들의 성적과 출석을 관리하는 프로그램까지 개발했어요.

이렇게 어린 시절부터 컴퓨터에 흠뻑 빠져 있던 소년 게이츠는 나중에 집집마다 컴퓨터를 한 대씩 놓게 만든 컴퓨터 혁명을 일으키게 되었어요.

컴퓨터에 모든 것을 바친 빌 게이츠

1955년 시애틀에서 태어난 게이츠는 어린 시절부터 매우 암기력이 뛰어났어요. 한 번 읽은 백과사전의 모든 내용을 기억하고 교회의 성경 암송 대회에서도 매번 우승을 차지할 정도였어요.

하지만 열세 살 때 입학한 레이크 사이드에서 게이츠는 학교생활에 적응하지 못했어요. 그래서 나날이 성적이 떨어지

기술과 아이디어로 뭉친 벤처 기업

'벤처 기업'이란 높은 전문 지식과 새로운 기술, 아이디어로 창조적이고 모험적인 경영을 하는 중소기업을 말해요. '벤처'라는 영어 단어는 '모험'을 의미해요. 벤처 기업은 새로운 기술을 개발해서 성공하면 많은 돈을 벌 수 있지만 실패하면 그만큼의 빚을 지게 되기 때문에 모험을 하는 기업이에요. 그래서 벤처 기업이라고 부르는 거예요. 마이크로소프트 회사 역시 벤처 기업으로 시작해 성공한 경우예요. 국가에서는 훌륭한 벤처 기업이 많으면 기술 개발이 활발해져 새로운 제품이 많이 생산되어 경제를 발전시킬 수 있기 때문에 벤처 기업에 투자를 많이 해요.

자 게이츠의 부모님은 그에게 심리 치료를 받게 했어요. 게이츠는 심리 치료를 통해 다양한 주제의 책을 읽으라는 조언을 받았어요. 치료 덕분에 게이츠는 매우 많은 책을 읽으면서 점차 학교 성적도 오르고 친구들에게 인정도 받을 수 있었어요. 이때 몸에 밴 독서 습관으로 지금도 게이츠는 매일 밤 한 시간, 주말에는 서너 시간 동안 책을 읽으려 노력한다고 해요.

게이츠는 컴퓨터에 빠져 지냈지만 변호사인 그의 아버지는 게이츠가 자신처럼 법조인이 되기를 바랐어요. 결국 아버지의 소원대로 하버드 대학 법학과에 들어갔지만 이내 법학 공부에 싫증을 느꼈어요.

그러던 어느 날, 알렌이 잡지 한 권을 들고 게이츠를 찾아왔어요.

"이거 봐. 세계 최초 소형 컴퓨터 세트래."

"그래, 우리가 예전에 꿈꿔 왔던 세상이 오는 거야. 집이며 사무실 책상 위에 컴퓨터가 하나씩 놓이는 세상 말이야."

결국 게이츠는 컴퓨터에 자신의 모든 것을 바치기로 결심했어요. 게이츠와 알렌은 세계 최초 소형 컴퓨터를 만든 회사인 MITS에 프로그램을 만들어 팔기로 했어요. 그래서 둘은 피자로 끼니를 때우고 컴퓨터 실습실에서 자면서까지 프로그램을 만들어 MITS와 계약을 하게 되었어요.

빌 게이츠가 운영 프로그램을 만든 MITS의 컴퓨터 알테어 8800

일이 이렇게 되자 1975년, 열아홉 살이던 게이츠는 하버드 대학을 중퇴하고 앨런과 함께 뉴멕시코 주 앨버커키에 '마이크로소프트(Microsoft)'라는 벤처 기업을 세웠어요. 이것이 바로 오늘날 '세계 디지털 제국의 황제'라고 불리는 마이크로소프트의 역사적 출발이었어요.

스톡옵션과 점차 성장해 가는 마이크로소프트

게이츠는 레이크 사이드에서 함께 컴퓨터를 연구했던 그룹인 레이크 사이드 프로그래밍의 친구들을 모아 회사를 키워

갔어요. 마이크로소프트가 세워진 해에는 10만 달러를, 이듬해에는 20만 달러를 벌어들였어요.

회사가 점점 성장하자 마이크로소프트는 여러 어려운 문제에 부딪혔어요. 회사 직원 대부분이 컴퓨터에는 뛰어난 능력을 가졌지만 회계나 관리에는 전혀 소질이 없었기 때문이었어요. 게이츠는 대책이 필요하다고 느껴 1980년, 하버드 대학을 다닐 때 친구였던 스티브 발머를 부르기로 했어요.

발머는 하버드 대학에서 응용수학과 경제학을 공부하고, 스탠퍼드 대학원에서 경영학을 공부 중이었어요. 게이츠의 제안을 받은 발머는 대학원을 포기하고 마이크로소프트에 들어가게 되었어요. 그가 들어온 후 마이크로소프트는 회사의 틀을 갖추어 갔어요.

그중 대표적인 것이 바로 '스톡옵션'이에요. 스톡옵션이란 회사에 이윤을 가져다준 능력 있는 직원들에게 싼값에 회사 주식을 살 수 있는 권리를 주는 제도예요. 발머가 스톡옵션을 생각해낸 데에는 컴퓨터 회사는 특히 사람이 매우 중요하다는 점이 한 몫을 했어요. 컴퓨터 회사들은 능력 있는 사람이 있으면 무슨 수를 써서든 그 사람을 데려오기 위해 노력해요. 그러다 보니 당시 회사에서 중요한 일을 하던 사람이 느닷없이 더 좋은 조건을 제시한 다른 회사로 옮겨 가는 일이 많았어요.

　스톡옵션을 시작한 마이크로소프트는 능력 있는 직원을 다른 회사에 빼앗기지 않고, 다른 회사에 있는 능력 있는 직원을 데려올 수 있었어요. 덕분에 마이크로소프트 회사의 직원들은 더 열심히 일했고, 1만 명의 직원들이 백만장자가 될 수 있었어요.

　발머가 마이크로소프트에 들어온 그해, 마이크로소프트는 미국에서 가장 규모가 큰 컴퓨터 회사인 IBM과 계약을 맺었어요. IBM은 첨단 기술을 갖춘 대형 컴퓨터를 주로 만들었는데, 당시 점차 개인용 컴퓨터를 사려고 하는 소비자들의 변화에 적응하지 못해 당황하고 있었어요. 이에 게이츠는 IBM에게 석 달 만에 컴퓨터 운영 프로그램을 만들기로 약속했어요. 대신 프로그램의 모든 소유권은 마이크로소프트가 갖기로 했어요. 이 계약은 나중에 전 세계 컴퓨터 시장의 모습을 바꾸어 놓는 계기가 되었어요.

능력 있는 사람을 끌어모으는 스톡옵션

'스톡옵션'이란 기업이 직원들에게 회사의 주식을 싼값에 살 수 있는 권리를 주는 제도예요. 일정 기간이 지나면 주식을 산 직원은 마음대로 그 주식을 팔 수 있어요. 오늘날 새롭게 성장하는 많은 기업에서 능력 있는 사람을 모으기 위해 스톡옵션을 활용해요. 스톡옵션을 받은 사람은 주식 가격이 오를수록 나중에 더 큰돈을 벌 수 있기 때문에 주식 가격이 오르도록 회사 일을 열심히 하게 돼요. 능력에 따라 주는 권리라는 점에서 종업원 지주제와는 차이가 있어요. 우리나라에는 1997년부터 스톡옵션 제도가 들어온 후 널리 퍼졌어요.

마이크로소프트, 컴퓨터 시장을 장악하다

사실 석 달 만에 컴퓨터 운영 프로그램을 만드는 것은 매우 힘든 일이었어요. 하지만 컴퓨터 운영 프로그램에 대해 누구보다 더 잘 알고 컴퓨터 시장의 앞날을 내다보았던 게이츠에게 이보다 더 좋은 기회는 없었어요.

컴퓨터 운영 프로그램은 컴퓨터를 사용하는 데 기본이 되는 거예요. 그래서 모든 컴퓨터가 공통의 프로그램으로 똑같이 할 수 있어야 하기 때문에 결국에는 하나의 컴퓨터 운영 프로그램만이 살아남을 수밖에 없어요. 이 사실을 알았던 게이츠는 세계 유일한 컴퓨터 운영 프로그램의 주인이 되려고 했던 거예요.

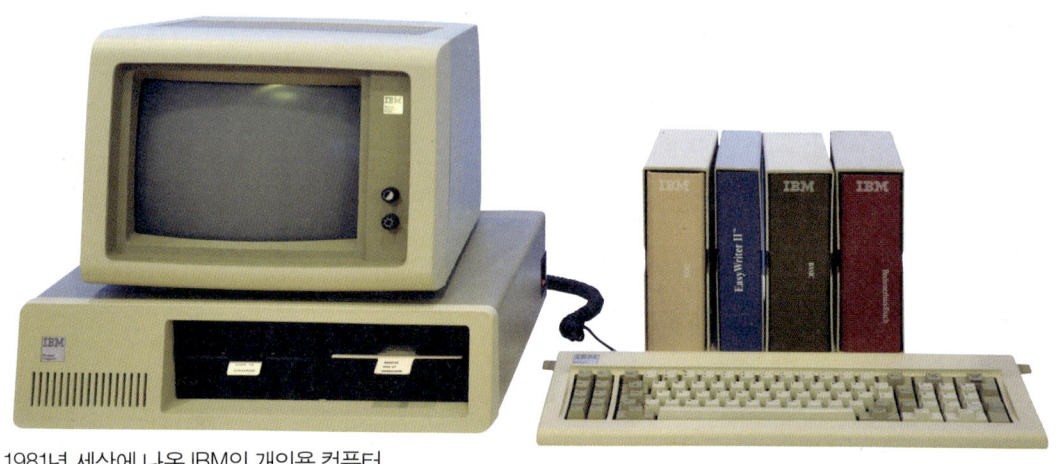

1981년 세상에 나온 IBM의 개인용 컴퓨터

그래서 마이크로소프트는 지금까지 나온 컴퓨터 운영 프로그램을 사서 IBM이 원하는 방향으로 고쳐 새로운 프로그램을 만들었어요. 이렇게 해서 나온 프로그램이 오늘날 윈도우와 유사한 'MS-DOS'예요.

IBM은 MS-DOS를 운영 프로그램으로 하는 개인용 컴퓨터를 세상에 내놓았어요. 그러자 사람들은 너나할 것 없이 성능 좋은 IBM의 컴퓨터를 샀어요. 이에 다른 컴퓨터 회사들도 IBM에 질세라 새로운 컴퓨터를 시장에 내놓았어요. 그렇지만 그 컴퓨터 안에는 모든 개인용 컴퓨터의 기본 프로그램이 된 MS-DOS 프로그램이 설치되었어요. 오늘날 모든 컴퓨터에 윈도우가 기본 프로그램으로 설치된 것과 마찬가지였어요.

컴퓨터 회사들은 MS-DOS를 사려고 마이크로소프트에 몰려들었어요. 게이츠의 예측이 맞았던 거예요.

그 후로도 마이크로소프트는 개발을 멈추지 않았어요. 그래서 MS-DOS보다 성능 좋고 편리한 윈도우 시리즈를 계속 세상에

다국적 기업

여러 국가에 공장과 회사 등을 두고 세계적인 범위와 규모로 상품을 만들어 내고 판매하는 기업을 '다국적 기업'이라고 해요. '세계 기업', '국제 기업'이라고도 불러요. 다국적 기업은 다른 나라에 상품을 만드는 공장과 판매하는 회사를 가지고 있으면서 본사의 지시를 받아 운영해 나가요. 오늘날 다국적 기업은 전 세계 곳곳에서 볼 수 있어요. 코카콜라, IBM도 다국적 기업이에요. 세계적인 규모의 다국적 기업은 다른 나라의 정치와 경제, 사회에 큰 영향을 주기도 해요.

아르헨티나의 마이크로소프트 회사 건물과 윈도우 비스타 광고판

오늘날까지도 사용하는 MS-DOS 프로그램

내놓았어요. 여기에 윈도우에서 사용하는 프로그램인 마이크로소프트 오피스, 인터넷을 할 수 있는 웹 브라우저인 익스플로러 등도 개발하여 전 세계의 컴퓨터 시장을 확실히 장악했어요.

세계 최고의 기부자, 빌 게이츠

작은 벤처 기업으로 시작한 마이크로소프트는 무수한 실패와 실수 끝에 오늘날의 거대한 기업이 되었어요. 전 세계에 마이크로소프트 지사가 106개나 있을 정도예요. 또한 마이크로소프트를 이끈 게이츠는 세계적인 부자가 되었어요.

지난 2008년, 게이츠는 33년 동안 있던 마이크로소프트 회장에서 물러났어요. 그렇지만 그는 단순히 세계 일류 기업을 만들어 돈을 많이 번 사람으로만 남지 않았어요. 부인 멜린다의 영향으로 2000년부터 지금까지 게이츠는 자신과 부인 멜린다의 이름을 딴 '빌 앤 멜린다 게이츠 재단'을 설립했어요. 그리고 어린이와 가난한 사람, 학생들을 돕는 데 세계 최고 금액을 기부하는 등 활발한 기부 사업을 펼치고 있어요. 뿐만 아니라 세 명의 자녀들에게 1,000만 달러를 물려주고 나머지 재산은 모두 기부할 계획이라고 해요.

 우리에게 컴퓨터를 보다 더 편하게 사용할 수 있는 환경을 만들어 준 게이츠. 그는 능력 있는 사람을 알아보는 안목과 시장을 꿰뚫어 본 힘으로 결국 집집마다 컴퓨터를 한 대씩 놓이게 하겠다던 자신의 꿈을 이룰 수 있었어요. 그리고 지금도 끊임없는 기부 활동으로 많은 기업가의 모범이 되고 있어요.

기부의 경제 효과

어떤 대가도 바라지 않고 돈이나 물건을 사회에 내놓아 어려운 사람을 돕는 기부는 겉으로는 경제 원칙과 거리가 멀어 보여요. 하지만 사실 기부도 경제 원칙에서 크게 벗어나지 않아요. 기부를 하는 사람과 받는 사람 모두에게 이익이 되기 때문이에요. 기부를 하면 나를 위해 돈을 쓸 때보다 더 뿌듯하여 큰 만족과 행복을 느낄 수 있어요. 그리고 기부를 받는 사람은 경제적으로 힘든 상황에서 벗어날 계기가 마련돼요. 기부는 사회와 경제, 사람 모두에게 매우 유익한 것이라고 볼 수 있어요.

빌 게이츠 | 1955년 미국에서 태어난 기업가 빌 게이츠는 1968년 레이크 사이드 스쿨에서 처음으로 컴퓨터를 접한 후 컴퓨터 프로그램에 심취하였어요. 아버지의 뜻에 따라 1973년 하버드 대학 법학과에 입학했다가 학창 시절의 친구인 폴 앨런과 함께 컴퓨터 프로그래밍에 뛰어들어 1975년 대학을 그만두고 '마이크로소프트' 회사를 세웠어요. 그리고 1981년 당시 세계 최대의 컴퓨터 회사였던 IBM의 컴퓨터 운영 프로그램을 개발한 후 세계 컴퓨터 시장을 장악하여 엄청난 부를 쌓았어요. 2000년부터 그는 '빌 앤 멜린다 게이츠 재단'을 운영하기 시작하였으며, 2008년 마이크로소프트 회장에서 물러나 지금도 기부 활동을 펼치고 있어요.

백만 엄마들의 가슴을 뛰게 만든 바로 그 책,
<공부가 되는> 시리즈

- 재미와 호기심을 충족시키며 교과 연계 학습까지 되는 **기초 교양 학습서**
- 연이은 백만 엄마들의 뜨거운 호평, **출간 즉시 베스트셀러 도서**
- 통섭과 융합형 교과서로 **하버드 대학 교수가 추천한 도서**

공부가 되는 세계 명화
글공작소 글 | 18,000원

공부가 되는 한국 명화
글공작소 글 | 18,000원

공부가 되는 식물도감
글공작소 엮음 | 37,000원

공부가 되는 별자리 이야기
글공작소 글 | 12,000원

공부가 되는 공룡 백과
글공작소 글 | 장은경 그림 | 13,000원

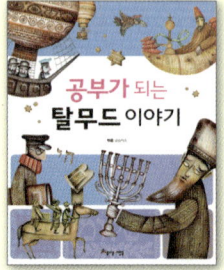

공부가 되는 탈무드 이야기
글공작소 엮음 | 12,000원

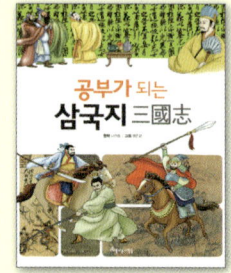

공부가 되는 삼국지
나관중 원작 | 장은경 그림 | 12,000원

공부가 되는 유럽 이야기
글공작소 글 | 14,000원

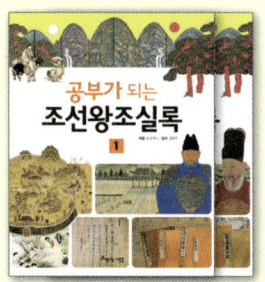

공부가 되는 조선왕조실록 1,2 (전2권)
글공작소 글 | 김정미 감수 | 각 13,000원

공부가 되는 저절로 영단어
다니엘 리 글 | 14,000원

공부가 되는 우리문화유산
글공작소 글 | 14,000원

공부가 되는 저절로 고사성어
글공작소 글 | 15,000원

공부가 되는 한국대표고전 1, 2(전2권)
글공작소 글 | 각 13,000원

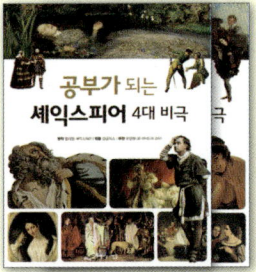
공부가 되는 셰익스피어
4대 비극·5대 희극(전2권)
윌리엄 셰익스피어 원작 | 글공작소 엮음 | 각 14,000원

공부가 되는 논어 이야기
공자 지음 | 글공작소 엮음 | 14,000원

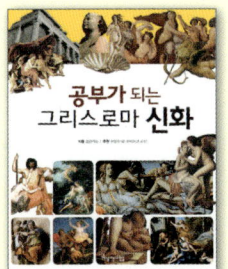
공부가 되는 그리스로마 신화
글공작소 글 | 12,000원

공부가 되는 경제 이야기 1,2(전2권)
글공작소 글 | 각 13,000원

공부가 되는 한국대표단편 1, 2, 3(전3권)
박완서 외 지음 | 글공작소 엮음
각 13,000원

공부가 되는 로빈슨 과학 탈출기
대니얼 디포 원작 | 글공작소 엮음
13,000원

공부가 되는 일등 멘토의 명연설
글공작소 엮음 | 13,000원

공부가 되는 가치 사전
글공작소 엮음 | 13,000원

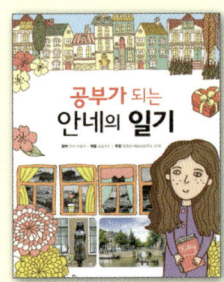
공부가 되는 안네의 일기
안네 프랑크 원작 | 글공작소 엮음
13,000원

공부가 되는 과학 백과
우주·지구·인체(전3권)
글공작소 글 | 각 13,000원

공부가 되는 톨스토이 단편선
레프 톨스토이 원작 | 글공작소 엮음
13,000원

공부가 되는 긍정 명언
글공작소 엮음 | 14,000원

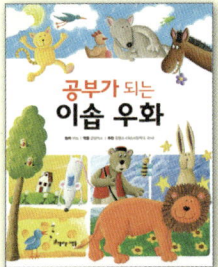
공부가 되는 이솝 우화
이솝 원작 | 글공작소 엮음
13,000원

공부가 되는 창의력 백과
글공작소 글 | 14,000원